心理刘备
ISBN: 9787564573720
This is an authorized translation from the SIMPLIFIED CHINESE language edition entitled
《心理刘备》 published by 郑州大学出版社., through 陈禹安, arrangement with EntersKorea
Co.,Ltd.

유비는
왜 그랬을까

유비는 왜그랬을까 2
빈털터리에서 제왕의 자리에 오르다

펴낸날 2024년 10월 10일 1판 1쇄

지은이 천위안
옮긴이 정주은
펴낸이 이종일 강유균
편집위원 이라야 남은영
기획·홍보 김아름 김혜림
교정·교열 이교숙 정아영 나지원
경영지원 이안순
디자인 바이텍스트
마케팅 신용천

펴낸곳 리드리드출판(주)
출판등록 1978년 5월 15일 제 13-19호
주소 경기도 고양시 덕양구 청초로 66 덕은리버워크지산 B동 2007호~2009호
전화 (02)719-1424
팩스 (02)719-1404
이메일 genie3261@naver.com
홈페이지 www.readlead.kr

ISBN 978-89-7277-394-8 (04190)
      978-89-7277-604-8 (세트)

시련을 기회로 바꾼 삼국지 역경 극복 처세술

유비는
왜 그랬을까

천위안 지음

정주은 옮김

2

빈털터리에서 제왕의 자리에 오르다

리드리드출판

◆ 차 례 ◆

 4부 **거센 바람에 맞서다**

三國志 劉備

<5부 큰 꿈을 이루다

<6부 백제에서 해가 지다

거센 바람에
맞서다

4부

천운을 타고난 사람이 있다고 한다.
그들은 특별한 하늘의 보살핌으로 모든 일에서 승승장구하며
권력을 잡고 권위와 명예를 얻었을 거라고 짐작한다.
그러나 유비를 보라. 스스로 하늘이 돕는 자라고 생각했지만
권좌에 오르기까지 그 여정은 험난하기만 했다.
그 길을 동행해보자.

상대를 설득하려거든
수단을 가리지 마라

실의에 빠진 유비의 모습은 오히려 수하들을 자극했다. 주공의 실패는 곧 자신들의 무능을 의미했기 때문이다. 손건은 유표를 만나러 형주로 갔다.

유표가 물었다.

"그대는 유비를 따르던 자인데 어찌 나를 찾아왔는가?"

"유사군과 명공이 모두 한실 종친임은 천하가 다 아는 바입니다. 유사군께서는 사직을 바로 세우고자 하시나 병사와 장수가 부족함이 한이십니다. 여남의 유벽과 공도는 사군과 피 한 방울 섞이지 않은 사이임에도 죽음으로 보답하고자 하였습니다. 얼마 전 유사군께서는 조조에게 패해 강동의 손권을 찾아가 의탁하려 하셨습니다. 그런데 제가 유사군께 '어찌 육친을 저버리고 생판 남에게 의탁하려 하십니까? 형주의 유장군은 당대의 영웅이고 천하의 선비이니 그에게 의탁함은 물이 바다로 흘러드는 것과 같습니다. 하물며 두 분은 종씨가 아니십니까?'라고 간했습니다. 제 간언을 듣고 사군께서 마음을 돌리셨으나 장군의 뜻을 모르는바, 함부로 찾아올 수 없어 제가 명을 받아 장군께 고하러 먼저 왔습니다."

그야말로 '잡채' 같은 말이었다. 손건은 '같은 입장 전략', '중간 입장 전략', '전시효과demonstration effect', '평가에 대한 두려움fear of evaluation', '라벨링 효과labelling effect', '긍정적 기분 효과positive mood effect' 등 온갖 설득의 수단을 동원했다.

"유사군과 명공이 모두 한실 종친임은 천하가 다 아는 바입니다."라는 말로 유표와 유비가 '한실 종친'의 특수한 그룹에 속함을 강조했다. 여기에 속한 사람은 누구나 한실을 돕고자 한다. 그렇다면 한실의 적인 조조에 맞서다 패하고 찾아온 유비를 받아주는 게 인지상정이다. 이는 '같은 입장 전략'이다.

솔직히 친분이 없는 유벽과 공도는 사실 유비와 아무런 이해관계가 없다. 그런데도 "여남의 유벽과 공도는 사군과 피 한 방울 섞이지 않은 사이임에도 죽음으로 보답하고자 하였습니다."라는 말로 그들이 유비를 인정하고 선택했음을 드러냈다. 기본

적 가치관과 공적인 마음에서 비롯되었으니 옳다는 것이다. 이는 '중간 입장 전략'에 의한 설득이다.

또 유벽과 공도의 언행은 일종의 '전시'다. 아무 상관도 없는 유벽과 공도도 이렇게까지 하는데 유비와 피가 섞인 유표가 두 손 놓고 있다는 건 말이 안 되는 소리였다. 이는 '전시효과'에 의한 설득이었다.

"얼마 전 유사군께서는 조조에게 패해 강동의 손권을 찾아가 의탁하려 했을 때 제가 유사군께 어찌 육친을 저버리고 생판 남에게 의탁하려느냐고 간했다."라는 이 말은 '평가에 대한 두려움'을 자극하는 말이다. 유비의 입장에서 유표는 가까운 '육친'이고 손권은 먼 '남'이다. 만약 유비가 유표를 버리고 손권에게 간다면 유표는 '피붙이도 외면하는 냉혈한'이라는 악평을 듣게 될 것이다.

"형주의 유장군은 당대의 영웅이다."라는 말로 손건은 대놓고 유표에게 '영웅'이라는 라벨을 붙였다. 그대가 영웅이라면 영웅다운 배포와 도량으로 어렵사리 찾아온 유비를 넓은 마음으로 받아줘야 한다는 뜻이다. 여기에서 손건은 '라벨링 효과'를 이용했다.

'영웅'이라는 라벨과 더불어 "천하의 선비이니 그에게 의탁함은 물이 바다로 흘러드는 것과 같습니다. 하물며 두 분은 종씨가 아니십니까?"라는 말로 유표를 한껏 띄워줬다. 구름 위를 걷는 중이었던 유표는 손건의 제안을 더 쉽게 받아들였다. '긍정적 기분 효과'가 제 역할을 한 것이다.

평소 손건의 말솜씨는 특별히 뛰어난 편이 아니었다. 그러나 삼국 역사상 누구를 데려와도 온갖 설득 전략을 능수능란하게 배치한 이때의 손건을 뛰어넘을 수는 없다. 역시 물러날 곳이 없는 사람이 보여주는 초능력은 불가사의하다.

손건이 기가 막힌 제안을 내놓자 유표는 곧바로 무장 해제하고 투항했다.

"현덕은 내 형제요. 오래전부터 만나 보고 싶었으나 기회가 없었는데 이번에 그가 찾아온다니 참으로 잘된 일이오."

손건의 설득이 통하기는 했으나 그가 유비에게 장담했던 바를 다 이루지는 못했다. 손건은 유표가 유비를 받아들이게 할 뿐만 아니라 직접 마중 나오게 하겠다고 큰소리쳤었다. 바로 이때 손건을 도와줄 자가 나타났다.

채모蔡瑁는 유표의 처남으로 형주에서 요직을 맡고 있으며 유표가 매우 신임하는 측근이었다. 그런 채모가 어떻게 손건을 도왔을까?

채모는 유비에게 티끌만큼의 호감도 없었다. 유비가 오면 자신의 지위가 흔들릴지도 모르기 때문이다. 이때의 유비는 '황숙'으로서 좌장군, 예주목, 의성정후의 감투를 쓰고 명성을 날리는 중이었다. 사실 유비는 감추고 싶은 비밀이 많았다. 채모는 그 점을 파고들었다.

"유비는 됨됨이가 바르지 못하며 배은망덕한 자입니다. 먼저 여포에게 의탁하더니 이어서 조조와 원소에게 기댔으나 모두 끝까지 섬기지 못하고 적으로 돌아섰습니다. 그를 받아준다면 조조의 심기를 거스르게 됩니다. 만약 조조가 군사를 이끌고 쳐들어온다면 형주의 백성들이 전화의 고통에 시달리지 않겠습니까? 차라리 손건의 목을 베어 조조에게 바친다면 틀림없이 조조가 주공을 중히 대할 것입니다."

이것만 보아도 채모는 손건을 도우러 온 것이 아니라 죽이러 온 것이 분명했다. 손건이 유비의 잇따른 배신을 제대로 해명하지 못한다면 다음 차례는 유표 자신이지 않을까 우려해야 할 상황이었다.

채모가 던진 폭탄에 손건은 유비가 조조에게 반박할 때 썼던 '차원 격상 전략'을 쓰며 반박했다.

"유사군이 여포와 조조, 원소에게 의탁했던 것도 사실이고 결국 그들과 척진 것도 사실입니다. 그러나 이는 유사군의 잘못이 아니라 세 사람이 모두 불의한 자들이기 때문입니다. 여포는 두 명의 아버지를 죽였고 조조는 기군망상^{欺君罔上}을 범했으며 원소는 충언을 고깝게 여기고 충신을 함부로 죽였습니다. 이런 사람들을 어찌 계속 모실 수 있겠습니까? 유사군은 오직 나라에 보답하고자 말한 바는 꼭 지키는 충효를 갖춘 의로운 선비이신데 그들과 함께할 수는 없는 노릇이지요."

유표도 유비의 배신을 우려했다. 이에 손건은 여포, 조조, 원소에게 '불의'라는 라벨을 붙이고 유비의 '배신'을 이런 불의한 자들에 맞서 싸운 행위로 격상시켰다. 이리하여 유비의 오점은 오히려 '충신인의^{忠信仁義}'에서 비롯된 행위로 미화된다. 이로써 채모의 공격은 무위로 돌아가고 유표의 의심은 사그라진다. 이에 손건은 '라벨링 효과'와 '평가에 대한 두려움'을 이용해 굳히기에 들어간다.

"유사군은 유장군이 한실의 후예로 같은 종씨이며 도량이 넓고 노인과 현자를 공경하며 백성을 아끼는 당대의 영웅임을 듣고 불원천리 찾아와 의탁하려는 것입니다. 그런데 어찌 참언을 올려 유장군이 현명하고 유능한 자를 질시한다는 악명을 듣게 하십니까?"

손건은 온갖 찬사로 유표를 띄우는 한편, 채모를 간사하고 음흉한 소인으로 몰아갔다.

이에 유표는 기뻐하며 채모를 꾸짖었다.

"내 이미 마음을 정했으니 더는 여러 말 마라!"

채모는 분을 삼키며 물러났다. 원래부터 유비에게 없던 호감은 이미 악감정으로 바뀐 지 오래였다.

한편 손건의 말에 휘둘린 유표는 '도량이 넓고 노인과 현자를 공경하며 백성을 아끼는 당대의 영웅'답게 행동하기 위해 자신이 직접 유비를 마중 나가기로 결심했다.

공격이 없으면 반격도 없다. 채모가 나타나 판을 흔들지 않았다면 손건도 목적을 이루지 못했을 것이다. 세상일은 원인이 곧 결과이고 결과가 곧 원인이기도 하다. 손건이 채모의 말에 반격한 것은 새로운 공격이다. 앞으로 당연히 채모의 반격이 뒤따를 것이다. 그로 미루어 형주에서 유비의 나날이 순탄치 않으리라 예상할 수 있다.

손건은 유비에게 돌아가 결과를 보고했다. 유표가 자신을 좋게 보는 데다 머물 곳이 생겼다는 생각에 유비는 금세 기분이 좋아졌다.

유비는 곧바로 수하들을 데리고 형주로 향했다.

유표는 약속대로 성 밖 30리까지 나와 유비를 맞았다. 마주한 두 사람은 매우 기뻐했다.

유표는 며칠 동안 잔치를 벌여 정성껏 대접했고 유비는 제집

처럼 편안한 기분을 느꼈다. 채모는 몹시 언짢았으나 때가 때
인지라 경솔하게 굴지 않았다.

기구한 유비의 운세가 형주에서 트일까?

◈ 시련을 기회로 바꾸는 역경 극복 처세술

광란의 공격은 환상의 반격을 부른다. 이를 대비하지 않고 일단
공격부터 한다면 뒤는 안 봐도 뻔한 결과를 맞는다. 단 한 번의 공격
으로도 고꾸라져 재기에 어려움을 겪을 수 있다. 여러 경우의 수를
염두에 두고 철저히 준비해야 한다.

안주하는 마음은
미래로 향한 문을 닫는다

유표의 환대에 유비의 괴로움은 점점 잊혀갔다. 이에 유비는 유표에게 보답하고 싶었다. 그러나 유표가 다스리는 형주는 평온하기가 잔잔한 바다와 같아 별다른 일이 없었다.

하루는 유표가 또다시 유비를 잔치에 초대했다. 그런데 술자리 도중 강하江夏에서 반란이 일어났다는 보고가 들어왔다. 유비는 즉시 관우, 장비, 조운을 데리고 반란을 평정하겠다며 나섰다. 유비 삼형제는 단숨에 반란군의 우두머리를 물리치고 그가 타던 준마를 전리품으로 빼앗았다.

반란을 평정한 것에 기뻐하며 유비를 거둔 제 결정이 옳았음을 재확인한 유표가 말했다.

"남월南越에 이따금 오랑캐가 쳐들어오고 때때로 장로張魯와 손권이 노리지만 이토록 뛰어난 현제가 있으니 이젠 두려울 게 없겠소?"

유표의 인정에 사기가 오른 유비는 호언장담했다.

"이 아우에게는 용맹한 장수가 셋 있습니다. 장비에게는 남월의 경계를 순찰하게 하고, 관우는 고자성古子城으로 보내 장로를 제압하게 하고, 조운은 삼강三江으로 보내 손권을 막게 하면 형주는 근심할 일이 없을 것이니 형님께서는 안심하십시오."

유비는 자신과 유표가 남이 아니라고 생각하고 말했다. 형주에 온 뒤로 유표의 후대에 감읍했기에 착실하게 섬기며 공을 쌓고 싶었다. 또 한편으로는 철새처럼 주인을 바꾼다는 오명을 씻고자 하는 마음도 있었다.

유비의 진심 어린 말은 유표의 마음을 울렸다.

그런데 하필 이 모습을 채모가 지켜보고 있었다. 채모는 사이 좋은 두 사람을 보고 큰일 났다 싶어 황급히 누이인 채부인蔡夫人을 찾아갔다.

채부인은 유표의 후처로 아들 유종劉琮을 낳고 형주를 계승시키기 위해 전처가 낳은 장자 유기劉琦를 없앨 궁리만 했다. 이를 위한 최대 조력자가 바로 채모였다. 하지만 유비가 오면서 채모의 지위가 흔들리기 시작했다.

채모가 이런 이해관계를 설명하자 조바심이 난 채부인은 베갯머리 송사로 유표와 유비를 갈라놓으려 했다. 유표는 '현덕은 성품이 어진 사람이니 공연한 걱정'이라며 아내를 나무랐으나 자꾸 듣다 보니 마음이 흔들렸다.

이튿날, 유표는 성 밖에 나갔다가 유비가 탄 범상치 않아 보이는 말을 칭찬했다. 유표의 후대에 보답할 길이 없어 답답하던 유비는 곧바로 그에게 말을 바쳤다.

유표가 그 말을 타고 성으로 돌아가는 길에 모사 괴월蒯越을 마주쳤다.

괴월은 유표가 탄 말을 보고 말했다.

"이 말은 적로的盧로 좋은 말이 분명합니다. 그러나 안타깝게도 눈 밑에 눈물주머니가 있고 이마 주변에 흰점이 있는 걸로 보아 이 말을 타면 주인이 해를 입습니다. 주공께서는 타시면 아니 됩니다."

그 말에 유표는 다음 날 바로 말을 유비에게 돌려주었다.

"어제 현제가 준 말을 타고 큰 후의를 느꼈소. 그런데 나는 날마다 한가로이 앉아 있기만 하니 그다지 쓸 데가 없을 거 같소. 군자는 남이 좋아하는 것을 빼앗지 않는 법이니 현제에게 돌려주는 것이 옳겠소."

유비는 하룻밤 사이 생각이 바뀐 유표의 의중을 알 길이 없었다. 다만, 돌려주겠다고 하니 아니 받을 길이 없었다. 유표가 말했다.

"현제가 오랫동안 성곽에 머물다 군비軍備를 소홀히 할까 봐 걱정이 이만저만 아니오. 여기서 멀지 않은 곳에 신야현新野縣이 있소. 지세地稅가 풍족히 걷히는 곳이니 현제가 지내기에 더없이 좋은 곳일 거요. 이제부터 군사를 이끌고 신야로 가서 주둔하는 건 어떠시오."

형주에서 유비의 세력이 커지는 것을 막기 위해 신야로 보내는 것이었다. 유비는 별 의심 없이 유표에게 감사의 인사를 했다. 이것이 모두 채부인의 베갯머리 송사 때문임을 몰랐다.

유비는 적로에 올라 신야로 향했다. 그때 어떤 사람이 길을 막더니 말했다.

"사군께서는 절대 이 말을 타시면 안 됩니다!"

유비가 놀라 쳐다보니 유표의 모사 이적伊籍이었다. 유비가 다급히 말에서 내려 연유를 묻자 이적이 말했다.

"어제 괴월이 유표에게 말하기를 이 말은 주인을 해친다고 하였습니다. 그래서 유표가 이 말을 돌려준 겁니다."

유비는 이적의 말에 큰 충격을 받았다. 형주에 온 후 마침내 기댈 사람을 찾았다고 생각해 유표에게 충심을 바쳤다. 그런데 겉으로만 잘해주고 속으로는 딴마음을 품고 있었다니. 유비는 실망스럽고 혼란스러웠다. 그러나 이적 앞에서 추태를 보일 수는 없기에 애써 감정을 누르며 껄껄 웃었다.

"무릇 사람이 세상에 나면 생사는 운명에 달렸고 부귀는 하늘에 달렸소. 어찌 말 한 마리가 내 운명을 정할 수 있겠소? 선생의 호의는 고맙게 받겠소."

울음소리보다 아픈 웃음소리였다. 이는 자포자기했을 때 보이는 전형적인 태도다. 유비가 그간 몇 번이나 바닥까지 무너졌다 다시 일어선 것은 하늘의 도움이 컸다. 잊을 만하면 찾아오는 좌절과 실패는 하늘의 뜻을 의심하게 만들고 자신에 대한 믿음까지 고꾸라뜨렸다. 이 와중에 받은 유표의 환대는 북풍한설이 불던 유비의 마음에 한 줄기 희망을 보여줬다. 그런데 '적로'가 유표의 본심을 들추어냈다.

'낙타의 등을 부러뜨린 지푸라기the straw that broke the camel's back'라는 표현이 있다. 맨 마지막에 올린 지푸라기 때문에 낙타가 죽는 건 아니지만 치명적인 고통을 준다는 의미다. 유표가 말을 돌려주고 유비에게 신야로 가라고 한 것은 지금껏 겪은 좌절들에 비하면 별것도 아니었다. 그러나 이 당시 유비는 심리적 타격을 견딜 마음의 여유가 없는 상태였다. 그래서 그냥 웃고 넘길 사소한 일에도 원망을 품게 되었다.

'오냐, 생사는 운명에 달렸고 부귀는 하늘에 달렸다고 했다. 그렇다면 이 적로가 내 운명을 어디로 몰아갈지 어디 한번 두고 보겠다!'

유비의 이런 속내는 이적에게 보이지 않았다. 이적은 그저 유비의 기개와 도량이 남다르고 운명 앞에서도 의젓하다고 판단했다. 이에 이적은 평생 모실 현명한 주군을 만났다고 생각해 이후 일편단심으로 유비를 따랐다.

한편 신야에 온 유비의 마음은 더없이 우울했다. 손바닥만 한 작은 고을을 보고 있자니 자조 섞인 쓴웃음만 나왔다.

'헛된 황제의 꿈일랑 이제 접어라. 넌 그저 말단 벼슬아치나 할 운명이니!'

그런데 신야에서 지내다 보니 유비의 생각이 점차 바뀌기 시작했다.

신야에서 멀지 않은 곳에 후한을 건국한 광무제 유수가 태어난 고을이 있었다. 유수는 유비처럼 한실의 먼 방계 출신이면서 형 유인劉縯과 함께 거병해 왕망王莽의 신新나라와 싸워 단 3년 만에 천하를 얻었다.

유비는 선조들의 업적을 떠올리며 다시 분발했다. 그는 운명이 이끄는 대로 유방이 난 곳을 지나 유수가 큰일을 이룬 곳에 이르렀다. 단순한 우연이었을 수 있으나 유비는 이것을 하늘의 뜻이라 믿었다.

유비와 그의 신료들은 형주와 비슷한 크기의 서주를 다스린 경험이 있었다. 따라서 신야 정도 되는 작은 고을을 다스리는 것은 일도 아니었다. 이후 유비는 의기충천과 의기소침, 확신과 의심, 즐거움과 괴로움, 격려와 원망, 격분과 진정, 운명 등에 순종하지 않으려는 극단적인 감정 사이를 오가며 세월을 보냈다. 유표는 틈만 나면 유비를 형주로 불러 함께 술잔을 기울였으나 지난날의 허물없는 관계로 돌아가지는 못했다.

세월은 유수와 같아 어느덧 6년이라는 시간이 흘렀다. 형주에 올 당시 마흔하나였던 유비는 이제 마흔일곱이 되었다. 매끈하던 얼굴에 주름이 늘고 윤기 나던 흑발에도 서리가 내렸다. 야심이 큰 사람에게 안락함은 더없는 아픔이고 허송세월은 크나큰 괴로움이다. 마치 무딘 칼에 살을 저미듯 영혼까지 파고드는 고통이 이어졌다. 안전이 보장된 상황에서 모든 심리적 반응이 손에 잡힐 듯 뚜렷이 보였다.

유비는 이 6년을 어찌 버텼을까?

속절없이 흘러가는 세월에 유비가 얻은 것이라고는 아들뿐이었다. 그동안에는 전투에서 수없이 패하고 정처 없이 떠돌아다니느라 아버지가 될 기회조차 없었다. 이 또한 끝없는 역경이 불러온 비통한 사실이다.

유비의 맞수 조조는 탄탄대로를 달렸기에 이미 슬하에 많은 자식을 뒀다. 게다가 조비曹丕, 조식曹植, 조창曹彰, 조웅曹熊은 하나같이 보기 드문 인재들이었다. 그런데 유비는 마흔일곱이 되어서야 눈에 넣어도 아프지 않을 자식을 얻었다.

유비 아들의 이름은 유선劉禪이고 아명은 아두阿斗이다. 후대 사람들은 유비가 아들에게 '유선'이라는 이름을 지어준 게 그의 야심을 보여준다고 한다.

당시 '선禪'이라는 글자의 의미는 황제와 관련이 있었다. 선은 '황제가 하늘에 제사 지내는 땅'을 뜻하기도 했고 '양위'를 뜻하기도 했다. 유선이 태어났을 당시의 유비는 매우 의기소침해 있었다. 그런 그가 아들에게 '선'이라는 이름을 붙인 것은 '투사projection'라는 심리적 방어기제 때문이었다.

'투사'란 자신의 감정, 충동, 염원을 다른 사람에게 기탁하는 것을 말한다. 이는 자신의 책임을 타인에게 전가하려는 의도로도 해석된다. 투사를 통해 책임감에서 벗어나면 양심의 가책도 덜 수 있다.

유비의 심리는 자식의 출세를 바라는 오늘날의 많은 부모와 같다. 자신의 인생은 끝난 것 같으니 자식들에게 희망과 책임을 떠넘기려는 것이다. 유비가 아들에게 '황제'를 뜻하는 이름을 지어준 것은, 산전수전 다 겪은 유비가 운명과 오랜 씨름 끝에 무기력해지고 있음을 보여준다.

◈ **시련을 기회로 바꾸는 역경 극복 처세술**

책임을 포기한 순간, 희망도 포기한 셈이 된다. 자신에게 주어진 환경과 조건에서 자신이 무엇을 해야 하는지 고민해야 한다. 자기 위치에서 할 수 있는 최선으로 책임을 완수할 때 비로소 희망이 보인다. 현재에 만족하기보다 더 나아가기 위해 문을 여는 사람에게 길이 보이는 것이다.

남의 일에 왈가왈부하면
자기 덕을 잃게 된다

유비가 신야에서 아까운 세월을 보내는 동안 노쇠한 유표의 몸도 삶의 끝을 알리고 있었다. 유표는 계승자를 정해야만 했다. 사실 '장자 승계'라는 원칙을 따르면 고민할 문제도 아니었다. 그러나 세력을 키운 채부인 일당은 장자 유기를 없애고 채씨 소생의 유종을 형주의 주인으로 앉히려 했다.

유표는 기세등등한 채씨 일당을 보며 자신이 죽고 나면 골육상쟁이 벌어질까 우려했다.

하루는 유표가 유비를 초대했다. 유비와 마주 앉아 술잔을 기울이던 유표는 문득 뒷일을 생각하며 눈물을 흘렸다. 젊은 시절의 유표는 대단한 호걸이었다. 그게 아니라면 오랜 세월 형주를 군건히 지키지 못했을 것이다. 그러나 성품이 유약했던 유표는 후계자 문제로 불거진 갈등으로 인한 번뇌에 지쳐 있었다.

유표는 한때 유비를 경계했으나 지난 6년 동안 한결같이 공손하고 분수를 지키는 모습에 점차 경계심이 사라졌다. 그럼에도 유표가 유비에게 속마음을 털어놓은 건 누구 하나 마음 터놓을 사람이 없었기 때문이다. 유표가 한숨을 내쉬며 말했다.

"현덕, 그대는 내 일가붙이로 남과는 다르오. 또 늘 신중하고 침착하니 내 고민을 털어놓으려 하오. 내 아들 유기는 어질고 재주가 있으나 천성이 유약해 큰일을 하기에는 모자라오. 한데 후처 채씨가 낳은 둘째 아들 유종이 총명한 아이인지라, 마음 한편으론 장자를 폐하고 둘째 아들을 후계자로 삼고 싶은데 예법에 어긋날까 걱정이오. 그리고 장자를 후계로 세우면 강대한 채씨 세력이 변란을 일으킬 거 같은 걱정에 결단을 내릴 수가 없소. 현덕의 생각은 어떠시오?"

후계를 세우는 문제는 기밀 중의 기밀이다. 유비는 유표가 자신에게 후계자 문제를 상의한 데 크게 감격했다. 상대가 흉금을 터놓고 말하니 유비도 기탄없이 말했다.

"자고로 장자를 폐하고 어린 아들을 후계로 세우면 반드시 분란이 생깁니다. 만약 채씨의 권력이 너무 커 걱정이라면 서서히 권한을 줄이면 될 일입니다. 어린 아들을 지나치게 아껴 후계로 세우는 일을 해서는 안 됩니다."

유표는 아무 말도 하지 않았다. 그런데 유비가 들어선 순간
부터 채부인이 병풍 뒤에 숨어 두 사람의 대화를 모두 듣고 있
었다.

이후 채부인은 유비를 뼛속 깊이 미워했다.

한편 유비는 묵묵부답인 유표를 보고 실언했음을 깨닫고 더
는 솔직히 말하지 않았다. 이후 명사인 허사許汜가 찾아오자 유
표는 또 유비를 동석시켰다.

허사가 천하의 인물에 대해 논하다 진등의 이름이 나왔다.
허사는 경멸의 표정을 지으며 말했다.

"진원룡陳元龍은 호해湖海의 선비이나 아직도 거만함을 버리지
못했습니다."

진등은 유비가 서주에 있을 때 온 힘을 다해 도왔던 인물인
데, 허사가 진등을 깎아내리자 유비는 몹시 언짢아졌다.

"진원룡이 거만하다 하였는데 근거가 있습니까?"

허사가 답했다.

"예전에 서주를 지나다가 진원룡을 만나러 갔었습니다. 그런
데 그는 손님을 대하는 예가 없었고 오랫동안 나를 아랑곳하지
않았습니다. 그러면서 자신은 큰 상牀 위에 있고, 나는 상 아래
에 있게 했습니다."

이에 유비가 말했다.

"그대는 국사國士의 풍모를 갖춘 사람입니다. 지금 천하에 큰 난리가 일어나 천자께서도 정처 없이 떠돌고 계십니다. 진원룡은 그대가 집안일은 잊고 나라와 백성을 걱정하며 한실을 바로 세울 뜻을 펼치길 바란 것입니다. 그런데 그대는 날마다 논밭과 가옥을 사려고 구전문사求田問舍하며 내뱉은 말이라고는 죄다 쓸모없는 것이었습니다. 이는 진원룡이 가장 꺼리는 바인데 그대와 무슨 말을 하겠습니까? 내가 그 자리에 있었다면 나는 백 척 높이 누각에서 자고 그대는 땅바닥에서 재웠을 것입니다. 어디 침상의 위와 아래로 나누기만 했겠습니까!"

그 말에 허사의 얼굴이 벌게졌다. 입만 열면 청산유수였던 그가 이번에는 한 마디도 받아치지 못했다. 유표 밑에 있는 동안 유비는 늘 스스로 자제하며 대놓고 남의 체면을 깎은 적이 없었다. 그런데 왜 허사에게는 가차 없이 굴었을까?

일단 진등에게 은혜를 입은 것이 첫 번째 이유였다. 그런데 이보다 큰 이유가 있다. 유비는 오랜 세월 자신을 억누르기만 했는데 결국 쌓였던 한이 터진 것이다. 그리고 마침 허사가 그 분풀이 대상이 되었다.

삽시간에 분위기가 얼어붙었다. 퍼뜩 정신을 차린 유비는 지나친 행동을 후회하며 분위기를 환기할 겸 자리에서 일어나 측간으로 향했다. 그런데 측간에 들어선 유비는 큰 충격을 받았다. 제 허벅지에 붙은 군살을 보며 만감이 교차한 것이다. 방금 허사에게 전답과 집이나 보러 다니면서 사직은 걱정하지 않는다고 비난했는데, 지난 몇 년간의 자신을 돌아보니 아무것도 이룬 바가 없었다.

자리로 돌아온 유비는 울렁이는 마음을 가라앉히지 못하고 눈물을 흘렸다. 유표가 그 모습을 보고 까닭을 물으니 유비가 속마음을 털어놓았다.

"예전에 저는 천 리를 원정하며 말 안장에서 떠나지 않아 허벅지에 군살이 붙을 새가 없었습니다. 그런데 이제 날마다 편안하게 보내니 허벅지에 군살이 잔뜩 붙었습니다. 이렇게 세월을 헛되이 보내고 점점 늙어가는데 아무런 대업도 이루지 못한 것이 슬퍼 눈물이 흐릅니다."

오랜 세월 억눌러 온 감정이 폭발하면서 눈물이 쏟아진 것이다. 한번 터진 둑을 바로 막을 수 없었다.

유표는 문득 지난 일이 떠올라 물었다.

"현제가 허도에 있을 때 조조와 매실주를 마시며 영웅을 논했다고 들은 적이 있소. 현제가 수많은 당대의 명사를 열거했으나 조조가 다 아니라며 '천하에 영웅은 사군과 이 조조뿐이오.'라고 했다지요. 천자를 끼고 제후를 호령하는 조조도 현제를 그토록

32

높이 보는데 어찌 그리 슬퍼하시오?"

유표는 조조의 말로 유비를 위로할 생각이었다. 그러나 유표의 말을 들은 유비는 더욱 비통해했다. 다들 유비가 당대의 영웅이라 하는데, 정작 자신은 신야에 갇혀 허송세월하고 있었기 때문이다. 세상에 이런 영웅이 어디 있는가. 결국 유비는 더 참지 못하고 호기롭게 진심을 토로했다.

"만약 저에게 근거로 삼을 땅이 있다면 어찌 천하의 그 무능한 자들을 무서워하겠습니까!"

그 말에 유표의 낯빛이 싹 바뀌었다. 유비가 대놓고 천하의 명사들을 '무능한 자들'이라고 매도했는데 유표 또한 그 '무능한 자들' 중 하나가 아니겠는가? 유표는 좋은 뜻으로 위로했건만 돌아온 것은 자신에 대한 조롱이나 다름없었다. 게다가 이 말은 유비가 형주를 노린다는 뜻으로도 읽혔기에 자연히 노기가 차올랐다.

유비는 또 실언했음을 깨닫고 취했다는 이유로 유비는 자리를 빠져나와 관사에 묵었다.

유표는 언짢은 기분으로 후당에 들었다. 유비라면 이를 갈던 채부인은 유비가 술에 취해 관사에 머문다는 소식을 듣고 채모를 불러 유비를 죽일 계획을 꾸몄다.

채모는 밤중에 군사를 이끌고 유비를 죽이러 가지만 이 사실을 안 이적이 황급히 유비에게 알려 곧바로 도망치게 도왔다.

채모가 관사에 가보니 유비는 이미 떠나고 없었다. 분개한 채모는 극악무도한 계략을 꾸몄다. 채모는 벽에 다음과 같은 시를 썼다.

형양을 사수한 지 이미 몇 해인데
헛되이 옛 산천만 마주하네.
교룡이 어찌 연못에 머물까,
누워서 폭풍우 소리 들으니 하늘로 오르고 싶구나!

한눈에 봐도 현실에 대한 불만과 야심이 드러나는 시였다. 채모는 유비가 이 시를 지었다고 죄를 뒤집어씌울 생각이었다.

소식을 들은 유표는 유비가 그럴 리가 없다며 직접 관사로 향했다. 그런데 벽에 쓴 시를 보는 순간 화가 치밀어 그 자리에서 칼을 빼 들었다.

"이 불의한 놈을 반드시 죽이고 말겠다!"

그런데 유비를 잡아 오라는 명을 내리려던 유표는 문득 중요한 사실이 하나 떠올랐다.

'현덕과 이리 오랜 세월 함께했건만 그가 시를 짓는 모습을 본 일이 없다. 설마 속임수인가?'

채모의 계책은 훌륭했으나 그는 유비를 과대평가했다. 유비는 어려서부터 학문을 멀리했다. 훗날 경전을 좀 읽기는 했으나 유비가 시를 짓는 건 완전히 능력 밖의 일이었다.

생각이 여기에 이르자 돌아가는 상황이 환히 보였다. 분명 누군가 유비를 해치려고 꾸민 계략이었다. 관사 밖에는 이미 채모가 군사를 준비해 놓고 유표의 명을 기다리고 있었다. 그런데 관사 밖으로 나온 유표가 군사를 물리라고 했다.

화가 난 채모는 채부인을 찾아갔다.

채부인이 말했다.

"군권이 네 손에 있는데 어찌 네가 직접 손을 쓰지 않느냐?"

채부인의 지시를 받은 채모는 새로운 계략을 꾸몄다. 이번에야말로 기필코 유비라는 걸림돌을 없앨 생각이었다.

당시는 시기적으로 추수가 시작되면서 곳간이 가득 찼다. 관례에 따라 잔치를 베풀고 사냥하는 등 풍작을 경축하는 행사를 열어야 하는 시기였다.

채모는 모든 준비를 마치고 유비를 초대했다. 유표는 몸이 불편하다며 두 아들을 대신 참석시키겠다고 했다. 채모는 마침내 기회가 왔다고 생각했다.

"두 공자께서 아직 어리기 때문에 예의에 어긋남이 있을까 염려됩니다."

이에 유표가 말했다.

"그렇다면 현덕 아우에게 손님 접대를 맡기시오."

그 말을 기다렸던 채모는 곧장 유비에게 이 일을 전하고 암살 계획을 세웠다.

유비는 조운을 데리고 연회장으로 향했다. 이때까지도 유비는 위기가 다가옴을 모르고 있었다.

◈ 시련을 기회로 바꾸는 역경 극복 처세술

내 마음으로 미루어 남을 헤아리는 것은 잘못된 생각이다. 열 길 물속은 알아도 한 길 사람 속은 모른다는 속담이 있다. 상대가 한 말을 듣고 성급하게 판단하거나 예단하지 말자. 그가 어떤 마음으로 그 말을 건넸는지 그 의도를 알아야 한다.

비밀스러운 정보에
비밀이 있을 턱이 없다

유비에겐 다행스럽게도 스파이 이적이 있었다. 이적은 술을 권하는 척하면서 유비에게 측간으로 오라고 했다. 측간에서 이적은 유비에게 자신이 들은 이야기를 모두 알려주었다.

"채모가 동, 남, 북쪽 성문 밖에 군사들을 매복시켜두었습니다. 서쪽 문에는 군사가 없으니 오래 머물지 마시고 어서 달아나십시오!"

대경실색한 유비는 조운에게 알릴 새도 없이 마구간으로 달려가 적로에 오른 뒤 서문을 향해 냅다 달렸다. 생존을 위한 이기주의에서 비롯된 행동이다.

그런데 이적과 유비는 둘 다 치명적인 실수를 저질렀다. 유비를 죽일 작정인 채모가 왜 모든 성문에 군사를 배치하지 않고 서문에 살길을 남겨두었을까? 서문으로 도망쳐도 살아날 길이 없기 때문이었다. 서문 밖에는 폭이 넓고 물살이 거센 단계檀溪라 불리는 강이 흘러 지날 수 없었다. 한마디로 막힌 길이었다.

이를 모르는 유비는 다급히 서문을 빠져나갔다. 문지기가 이 사실을 보고하자 채모는 군사 오백을 데리고 서둘러 뒤쫓았다. 단계에 이른 유비가 말머리를 돌리려는데 추격병이 쫓아오고 있었다. 유비는 하는 수 없이 그대로 물로 뛰어들었다. 그런데 몇 걸음 떼지도 못하고 물살이 급해 휩쓸려 떠내려가게 생겼다. 다급해진 유비가 채찍을 내리치며 소리쳤다.

"적로야, 적로야! 주인을 해치지 마라!"

참으로 신통방통했다. 위급한 상황을 알아차린 적로가 훌쩍 몸을 날려 힘차게 단계를 뛰어넘었다. 위기가 동물의 잠재력을 무한으로 끌어올린 것이다.

다들 적로가 주인을 해칠 것이라 했으나 오히려 유비의 목숨을 구했다. 유비는 이때부터 적로를 몹시 아꼈다. 운 좋게 살아난 유비는 물에 빠진 생쥐 꼴이었다. 단계 건너편의 군사들은 더는 쫓을 수 없음을 알고 씩씩대며 돌아갔다. 혼비백산한 유비는 갈 곳을 모른 채 그저 말이 가는 대로 천천히 움직였다.

그때 소 등에 걸터앉은 한 목동이 피리를 불며 오고 있었다.

이를 본 유비가 탄식하며 말했다.

"아, 나는 저 아이만도 못한 신세구나!"

유비는 이 목동에게서 자신의 어린 시절을 보았다. 40여 년 전의 유비도 걱정 하나 없는 시골 개구쟁이였다. 아버지를 일찍 여의었으나 자상한 어머니의 보살핌 덕에 고생 없이 자랐다. 스물네 살에 참군한 이래 객지에서 20여 년 동안 크고 작은 수많은 전투를 치렀고 이제 머리에 서리가 내리기 시작하는 나이가 되었다. 그런데 아직도 업적을 이루지 못한 채 남 밑에 있는 자신이 서글펐다. 게다가 전장을 누비느라 지금까지 고향에 한번 가보지도 못했다. 어머니도 돌아가시고 뒷바라지해준 두 숙부도 세상을 떠난 지 오래였다. 그리고 여러 사람에게 받은 두터운 은혜를 제대로 보답하지 못했다. 자신을 믿어준 사람들의 기대를 다 저버린 셈이었다.

물론 유비가 애쓰지 않아서가 아니었다. 자신은 할 만큼 했지만 시운이 따라주지 않아 허송세월하다 보니 몸만 늙어갔다. 20여 년 동안 받은 은혜며, 생사지교를 맺은 벗을 저버린 것이다. 너무 처량한 인생이 아닌가? 길게 내쉬는 숨을 따라 눈가가 촉촉이 젖었다.

유비가 슬픔에 잠겨 있는데 목동이 소를 멈춰 세웠다. 천진무구한 아이는 유비에게서 눈을 떼지 않았다. 호기심에 유비가 질문하려는 순간 아이가 먼저 물었다.

"혹시 유현덕 장군이 아니신지요?"

유비는 소스라치게 놀랐다. 본 적도 없는 시골 아이가 자기 이름을 어떻게 아는 것일까?

유비가 다급히 물었다.

"내 이름을 어찌 아느냐?"

"제 스승님께서 장군에 대해 자주 말씀하셨습니다. 유현덕이라는 사람이 있는데 당대의 영웅이요, 키가 7척 5촌이고 귀가 아주 크다 하셨습니다. 장군을 뵈니 들은 바와 같은지라 감히 여쭤본 것입니다."

목동의 말에는 많은 정보가 들어 있었으나 유비는 이를 간과했다. 이 때문에 유비는 현명한 인재를 얻는 데 꽤 먼 길을 돌아가야 했다. 유비가 물었다.

"네 스승님은 누구시냐?"

"제 스승님의 함자는 사마휘^{司馬徽}이고 자는 덕조^{德操}이며 도호는 수경선생^{水鏡先生}이라 합니다."

유비가 또 물었다.

"사마선생은 지금 어디 사시며 누구와 벗하시냐?"

이 물음은 유비가 형주에서 얼마만큼 처량하고 쓸쓸한 사회생활을 했는지 여실히 보여준다. 사마휘는 형주의 명사로 상류 사회에서 명망이 높았다. 그러기에 형주에서 7년이나 산 유비가 모르면 안 되는 인물이었다. 그런데 유비는 진실로 그의 이름을 들어본 적이 없었다. 이는 유비가 외부와 단절된 삶을 보내며 우울감에 빠져 있었음을 의미한다.

목동이 말했다.

"제 스승님은 여기서 멀지 않은 숲속에서 사시며 양양襄陽의 방덕공龐德公, 방통龐統과 벗하십니다."

유비가 다시 물었다.

"방덕공과 방통은 무슨 사이냐?"

유비가 평소에 조금만 관심을 가졌더라도 목동에게 물을 필요가 없었다. 목동이 답했다.

"방덕공과 방통은 숙부와 조카 사이입니다. 방덕공의 자는 산민山民으로 제 스승보다 열 살이 많습니다. 방통의 자는 사원士元이고 제 스승보다 다섯 살이 적습니다. 하루는 제 스승께서 나무에 올라 뽕잎을 따시는데 방통이 찾아왔습니다. 두 분이 자리에 앉아 고금의 흥망성쇠를 논하시는데 온종일 이야기를 나누시고도 싫증 내지 않으셨습니다. 제 스승님은 방통을 무척 아끼시어 그를 아우라고 부릅니다."

순진무구한 목동은 제가 알고 있는 사실을 낱낱이 이야기했다. 목동은 무심결에 악의 없이 한 말이었으나 유비의 잠재의식에 미묘한 영향을 미쳐 훗날 방통을 해치는 데 결정적 역할을 했다.

유비가 말했다.

"내가 바로 유현덕이다. 나를 네 스승께 데려가 줄 수 있겠느냐?"

유비는 목동과 함께 한 장원에 이르렀다. 마침 아름다운 거문고 소리가 들리는 것으로 보아 사마선생이 거문고를 타는 모양이었다. 목동이 안으로 들어가 알리려고 하자 유비가 말리며 그 자리에서 거문고 소리를 들었다. 그런데 갑자기 거문고 소리가 멎더니 누군가가 큰 소리로 웃으며 밖으로 나왔다.

"거문고 소리는 원래 맑고 그윽한데 갑자기 거세지는 것으로 보아 영웅이 몰래 듣고 있구나!"

현덕은 놀라 입을 다물지 못했다. 그는 고결하고 풍격風格이 남달랐는데 머리에 서리가 내렸음에도 어린아이 같아 보였다. 바로 수경선생이었다. 일면식도 없는 사이인 그가 자신을 '영웅'이라 부르니 유비는 몹시 기꺼웠다. 게다가 겉모습에서 느껴지는 신선의 풍모로 보아 속세와 등진 선비가 분명한지라 고개가 절로 수그러지고 마음이 경건해졌다.

유비가 입을 열기도 전에 수경선생이 말했다.

"공께서는 오늘 다행히 큰 어려움을 면하셨군요."

유비는 다시금 입이 떡 벌어졌다.

수경선생은 속세에서 벗어나 은거하는 것처럼 보이지만 세상일에 어둡지 않았다. 형주 고위층의 동태를 속속들이 꿰고 있었을 뿐만 아니라 오늘 풍작을 경축하는 연회가 열리고 유비가 유표 대신 그 자리를 주재하는 것도 알고 있었다. 또한 형주의 후계 경쟁이 극단으로 치달아 채씨 일당이 유기를 배척하고 유비를 적대시하는 사정까지도 손바닥 보듯 훤히 들여다보고 있었다. 유비가 수경선생에 대해 아는 바 없지만 수경선생은 유비를 잘 알고 있었던 것이다.

원래 유비를 잘 아는 데다 유비의 옷이 흠뻑 젖기까지 했으니 사고가 있었음을 능히 짐작할 수 있었다. 이런 사정을 모르는 유비는 목동이 제 이름을 맞춘 것부터 시작해 몇 번이나 놀라고 나니 수경선생이 신선처럼 보였다.

수경선생은 유비에게 깨끗한 옷으로 갈아입으라 한 뒤 대화를 나누었다. 유비는 채모에게 쫓겨 단계를 넘은 일을 숨김없이 털어놓았다. 수경선생이 말했다.

"제가 공의 안색을 보고 이미 알았습니다. 공께서는 지금 무슨 관직에 있으십니까?"

유비의 근황을 잘 알면서도 수경선생이 물었다.

"저는 현재 좌장군, 의성정후, 예주목입니다."

유비의 입에서 나온 관직은 하나같이 유명무실한 감투였다. 그런데도 유비가 이 관직명을 늘어놓은 것은 수경선생 앞에서 체면을 좀 세우고 싶었기 때문이다. 이는 유비와 장비의 첫 만남에서 장비가 '자기고양 전략'의 일환으로 부를 과시했던 것과 같은 행위다.

수경선생은 빙그레 웃으며 말했다.

"장군의 고명을 들은 지 오래입니다만 어째서 아직도 곤궁하십니까?"

유비는 이내 얼굴을 붉혔다. 괜한 말로 망신살을 자초했기 때문이다. 수경선생의 말은 "그토록 대단한 자리에 계신 분이 어째서 지금까지 큰 뜻을 세우지 못하고 남 밑에서 꼭두각시 노릇이나 하고 있습니까?"라는 뜻이었다. 유비는 마음을 가라앉히고 작게 한숨을 쉬었다.

"시운이 따르지 않고 운명이 기구한 탓입니다."

유비가 체면을 지키기 위해 택한 것은 '외부 귀인'이었다. 즉 자신이 실패한 원인을 하늘의 때, 운명, 외부 환경, 타인 등 자신이 통제할 수 없는 요소에서 찾았다.

수경선생은 그런 유비의 심리적 방어를 단박에 부정했다.

"그것이 아닙니다. 장군께서 큰 뜻을 펼치지 못함은 곁에서 도와줄 인재가 없기 때문입니다."

유비는 수경선생이 자신에 대해 잘 모른다고 생각했다.

"저는 비록 재주가 없지만 문사로는 손건, 미축, 간옹이 있고 무장으로는 관우, 장비, 조운이 저를 돕고 있습니다."

그러나 사마휘는 고개를 저었다.

"관우, 장비, 조운은 능히 만 명을 대적할 수 있는 장수이지만 아직 그 능력을 활용하지 못하고 있습니다. 그리고 손건, 미축, 간옹은 그저 책상물림으로 세상을 조금 다스릴 줄 알 뿐 백성을 구할 재주는 부족합니다. 그런데 어찌 장군을 도와 패업을 이룰 수 있겠습니까?"

유비가 물었다.

"그렇다면 어떤 인재가 세상을 다스리고 백성을 구할 수 있습니까?"

사마휘가 진지하게 말했다.

"한고조의 장량, 소하, 한신과 광무제의 등우^{鄧禹}, 오한^{吳漢}, 풍이^{馮異} 같은 자들이야말로 패업을 이룰 수 있도록 도울 인재이지요."

유비는 그 말을 듣고 한동안 말이 없었다. 한고조 유방과 광무제 유수야말로 그의 우상이었다. 이미 오래전부터 그들처럼 큰일을 이루고자 꿈꿔왔다. 그런데 어디서 장량, 소하, 한신, 등우, 오한, 풍이 같은 인재를 찾는단 말인가? 유비가 탄식했다.

"지금은 그런 인재들이 없는 거 같습니다."

수경선생이 미소를 지으며 말했다.

"공자께서 이르시길, 열 집 되는 마을에도 반드시 충성스럽고 신의 있는 사람이 있다고 하였습니다. 그런데 어찌 인재가 없다고 단정하십니까?"

◈ 시련을 기회로 바꾸는 역경 극복 처세술

사람의 가치는 누군가가 공들여 그를 이해하려 하느냐로 드러난다. 진정으로 상대를 대하고 진심을 나누게 되면 유대는 깊어지고 신뢰가 쌓인다. 자신이 상대를 어떻게 대하느냐에 따라 관계의 진위도 정해진다. 그러므로 상대에게 실망스럽다면 자신을 먼저 돌아봐야 한다.

위기에서 구해 줄
동아줄은 믿음이다

 유비와 사마휘의 만남은 중병에 시달리던 사람이 명의를 만난 것과 같았다. '명의'에게 '진단' 받았으니 이제 처방전을 달라고 할 차례였다. 유비가 말했다.

 "제가 우매하여 잘 알아보지 못하니 선생께서 가르침을 주시지요."

 사마휘가 말했다.

 "장군께서는 형양 9군에서 오래전부터 아이들이 불러온 '8~9년 사이에 기울기 시작하더니 13년에는 남은 자가 거의 없겠네. 이제 천명이 돌아갈 곳이 생기니 진흙 속 반룡이 하늘로 날아오르네.'라는 노래를 들어보셨습니까?"

유비가 모르는 노래라며 고개를 저었다. 이에 사마휘가 노랫말을 풀어준다.

"건안 8~9년에 유표가 후처 채씨를 맞아 집안에 분란이 생겼습니다. 건안 13년에 유표가 세상을 떠나면 문무백관이 모두 떨어져 나가 남는 자가 없을 것입니다. 천명이 돌아갈 곳은 바로 장군입니다."

유비는 깜짝 놀라 몸을 굽히며 절했다.

"제가 어찌 그런 일을 감당할 수 있겠습니까?"

건안建安은 한헌제의 연호였다. 유비가 유표 밑에 든 것은 건안 6년이었고 지금은 건안 12년이었다. 유비는 뜻을 펼치지 못하는 데 절망해 지난 6년 동안 미래에 대한 믿음을 서서히 버려왔다. 그런데 수경선생은 다음 해(건안 13년)에 유표가 죽으면 형주가 그의 손에 들어올 것이라고 했다.

만약 유비가 사마휘에게 탄복하지 않았더라면 진즉에 허튼소리라고 호통쳤을 것이다.

그렇다면 왜 사마휘는 유비에게 '영웅'이라 칭하며 '천명이 돌아갈 곳'이라고까지 했을까?

사실 유비는 6년 전 형주에 왔을 때 형주 명사들이 자신을 주목했음을 모르고 있었다. 그가 한실 종친이라는 감투와 인의군자라는 명성을 가졌기 때문이기도 하지만 더 큰 이유는 조조가 천하의 영웅은 자신과 유비 둘뿐이라고 했기 때문이다.

조조가 맞수가 되지 않는 자들을 하나씩 제거하며 천하제일의 군벌이 된 덕에 그의 논단은 더 신뢰를 얻었다. 이와 더불어 유비가 교묘하게 임기응변으로 조조를 속인 일도 널리 알려졌다. 조조는 권세가 커질수록 한실의 대척점으로 향했다. 그런데 유비는 혈조당의 일원이었고, 여전히 한실에 충성하는 형주 선비들은 자연스럽게 유비에게로 마음이 기울었다. 그래서 갈 곳 없이 떠도는 신세였지만 유비의 뒤로는 찬란한 후광이 비친 것이다.

그때부터 유표에게 실망한 형주의 선비들은 이런 동요를 만들어 유비가 그의 뒤를 잇도록 여론을 조성하기 시작했다. 그러나 절망에 빠져 의기소침해 있던 유비는 바깥출입조차 제대로 하지 않았기에 형주 선비들도 관심을 접을 수밖에 없었다.

유표는 늙고 무능한데 채씨 일당이 권력을 장악해 가니 형주 선비들은 앞날이 몹시 우려됐다. 조조가 형주를 호시탐탐 노리는 것은 천하가 다 아는 사실이었다. 만약 유표의 둘째 아들 유종이 형주를 물려받는다면 지킬 수가 없을 게 뻔했다.

결국 사람들은 다시 유비에게 시선을 돌렸고, 이런 상황에서 마침 허사가 찾아왔다. 유비가 허사를 나무란 일이며 허벅지에 살이 찐 것을 한탄한 일은 유표와 채씨의 의심을 불렀고, 그때 형주 선비들은 말을 아끼는 유비의 내면에 자리한 야심과 갈망을 엿보았다. 그래서 다시금 유비에게 희망의 불꽃을 피우게 되었다.

조조가 자신을 빼고 인정한 유일한 영웅이 유비라면, 그를 형주의 주인으로 세우는 것이 형주를 지키는 길이 아닐까? 그래서 사마휘는 유비를 형주의 주인으로 만들 최고의 인재들을 천거하려고 결심한 것이다.

사마휘가 천거한 최고의 후보는 그가 아끼는 아우 봉추鳳雛 방통이었다. 물론 방통이 유일한 인재는 아니었다. 그와 어깨를 나란히 하는 인물로 와룡臥龍 제갈량諸葛亮이 있었다. 그러나 천하제일가는 인재인 제갈량은 출사할 뜻이 없음을 거듭 밝히고 융중隆中에 틀어박혀 농사를 지으며 살았다. 그런데 사실은 다들 제갈량에게 속고 있었다. 제갈량은 형주의 다른 재사들보다 훨씬 명민했다. 그는 이미 몇 년 전에 유비를 보기 드문 주군이라 인정하고 유비를 '꾀어낼' 포석을 깔아두고 있었다. 사마휘를 비롯한 많은 이는 저도 모르는 사이에 제갈량이 짠 판의 바둑알이 되어 있었다.

사마휘가 방통을 천거하려는 이유는 자신과 가까운 사이여서가 아니라 방통의 능력이 나라를 다스리고 세상을 구할 만큼 출중하기 때문이다. 그러나 자신이 먼저 나서서 천거할 수 없는 노릇이기에 때가 오기만을 기다렸다. 그러던 중 하늘이 움직였다. 채모가 유비를 암살하려 한 덕분에 사마휘와 유비의 극적인 만남이 이루어진 것이다. 그런 의미에서 보면 채모도 유비를 움직이게 만든 귀인이다.

사마휘는 한참을 에두른 끝에 하고 싶은 말을 꺼냈다.

"형양 땅에 세상을 다스리고 백성을 구할 재주를 가진 인물이 있으니 장군께서 찾아가 보시지요."

사마휘는 미묘하게 거리를 두었다. 방통은 그가 부르기만 하면 바로 달려올 터였다. 그의 한마디면 유비는 앉은 자리에서 방통을 얻을 수 있었다. 그러나 사마휘는 유비에게 직접 찾아가 보라고 했다. 그가 일부러 방통과 선을 그은 이유는 훗날 자신과 방통의 관계를 알게 된 유비가 사적인 관계 때문에 추천한 것으로 오해할까 염려해서였다.

사마휘는 '사회적 평가에 대한 두려움'이라는 방어기제의 영향 때문에 이처럼 말했다.

형주 유림을 대표하는 사마휘는 사회적 명성에 민감했다. 유비는 물론이고 그 누구도 자신의 의도를 의심하는 상황을 용납할 수 없었다. 특히 유비가 자신과 방통의 관계를 전혀 모른다고 생각한 상황에서는 더더욱 그랬다.

그동안 유비는 운명이 자기에게 '사형'을 선고했다고 좌절했는데, 갑자기 나타난 '명의' 사마휘가 '불치병'이 아니라고 진단하며 '처방전'을 써줬다. 그러니 어찌 기쁜 마음으로 받지 않을 수 있겠는가.

유비가 다급히 물었다.

"어떤 사람인지 여쭤도 됩니까?"

사마휘가 잠시 머뭇거리다 말했다.

"와룡과 봉추, 둘 중 하나만 얻어도 천하를 안정시킬 수 있습니다."

와룡은 제갈량의 별호였다. 그러나 제갈량은 출사하지 않을 뜻을 밝히지 않았던가? 이를 잘 아는 사마휘가 어째서 그의 이름을 말했으며 자신의 지기인 봉추보다도 먼저 거론했을까?

이는 '사회적 평가에 대한 두려움' 때문이었다. 훗날 사람들의 입방아를 피하려면 봉추와 쌍벽을 이루는 와룡을 언급하지 않을 수 없었고 의식적으로라도 제갈량을 먼저 말해야 했다. '초두효과primacy effect'는 먼저 거론된 사람이 더 뛰어나다고 생각하게 된다. '와룡과 봉추'라고 했으니, 당연히 유비는 와룡이 봉추보다 뛰어나다고 생각했다.

사마휘가 한 이런 행동은 전형적인 '역차별'이다.

'역차별reverse discrimination'이란 사회적 평가에 대한 두려움으로 이중잣대를 들이대 차별을 받아야 할 집단의 구성원이 오히려 혜택을 받게 하는 걸 말했다.

한 심리학자가 고급 레스토랑에서 실시한 복장 조사 결과로 이 현상을 설명했다. 이 고급 레스토랑은 대개 정장 차림의 손님을 받았다. 예를 들어 백인 부부가 식사하러 왔는데 남편이 정장이 아니라 티셔츠를 입고 있으면 종업원은 완곡하게 출입을 거절했다. 그런데 흑인 부부의 경우에는 남편이 티셔츠를 입고 있어도 출입을 막지 않았다. 종업원이 인종차별주의자로 오인을 받을까 봐 그냥 들여보내 준 것이다.

이 실험에서 기본 원칙은 같았다. 정장을 입지 않은 흑인 남성은 백인 남성이 그랬듯이 출입을 거절당해야 했지만 도리어 백인 남성보다 특별 대우를 받았다.

현실에서도 '역차별' 사례는 쉽게 볼 수 있다.

미국에서 유학 중인 한 중국 학생은 지도교수를 선택하는 문제로 고심하다가 결국 화교 출신 교수를 선택했다. 그래도 동족이니 잘 봐줄 거라고 믿었기 때문이다. 그러나 이 교수는 동족만 편애한다는 오해를 피하고자 오히려 중국 유학생에게 더 매몰차게 대했다. 다른 나라 유학생에게는 갖은 편의를 제공하면서도 중국 유학생에게는 어떠한 특혜도 주지 않았다. 훗날 이 학생은 자신의 결정을 몹시 후회했다.

사마휘와 방통은 매우 가까운 사이였다. 따라서 사마휘가 방통을 돌봐주고 천거하는 것은 동양인의 사고방식으로는 당연한 일이었다. 하물며 제갈량은 자발적으로 후보 자격을 내려놓았다. 그러나 사마휘는 제갈량을 먼저 언급함으로써 그를 우대했다. 이는 방통을 역차별한 행동이었다. 사회적 비난을 피하고 공평무사한 이미지를 지키기 위함이 분명했다.

사마휘의 역차별 덕분에 제갈량은 유비의 머릿속에 깊이 각인됐다. 물론 사마휘는 어리석지 않았다. 와룡이 절대 출사하지 않겠다고 선언한 이상, 와룡을 찾아갔다가 거절당한 유비는 봉추를 찾아갈 것이기 때문이다. 그러면 유비를 보좌할 인물은 사마휘가 진정 추천하고 싶었던 봉추 방통이 된다. 그러나 사마휘는 자신이 미친 영향과 제갈량이 깔아둔 판의 위험성을 간과했다.

결국 유비가 삼고초려를 무릅쓰고 제갈량을 융중 밖으로 나오게 만들면서 방통은 유비를 만나지도 못하게 됐다.

유비는 사마휘의 말을 듣고 귀가 번뜩 뜨였다.

"와룡과 봉추는 대체 누구입니까?"

지금껏 청산유수 같던 사마휘가 더는 말을 얻지 않고 손뼉을 치며 웃었다.

"좋구나, 좋아!"

유비가 다시 물었으나 사마휘는 이렇게 답한다.

"날이 이미 저물었으니 장군께서는 이곳에서 하룻밤을 묵으십시오. 내일 다시 이야기하시지요."

사마휘는 일부러 뭔가 현묘한 것이 있는 양 굴었다. 재야의 고수답게 말을 아낀 것이다. 아는 바를 한 번에 다 털어놓는 사람은 심오한 자로 남을 수 없다는 걸 사마휘는 잘 알고 있었다.

◈ 시련을 기회로 바꾸는 역경 극복 처세술

은둔 고수는 '있는 척'의 대가다. 밖으로 드러나지 않은 채 은둔해 있으면서 자신에게 남다름이 있다고 여기도록 만들기 때문이다. 그리고 여러 이유를 들어 외부에 노출을 꺼리는데 그의 본심은 아무도 모른다. 다만, 있는 척으로 사람들의 관심을 끌고 시선이 집중되는 효과를 노리는 것은 틀림없다.

목표가 있다면 난데없이 끼어들어 선두를 차지하라

유비를 꾀어낸 사마휘는 안심하고 깊은 잠에 빠져들었다. 반면 유비는 다시금 야심을 불타올라 이리저리 뒤척이며 잠을 이루지 못했다. 유비는 사마휘가 말한 와룡과 봉추가 어떤 사람이며, 자신의 천하 제패를 위해 어떻게 도움을 청해야 할지 생각했다.

유비가 밤새 잠들지 못하고 있는데 누군가 사마휘를 찾는 소리가 들려왔다. 유비는 소리를 죽이고 귀를 기울였다. 잠시 후 사마휘의 목소리가 들려왔다.

"원직은 어쩐 일이시오?"

누군가가 답했다.

"유표가 영웅이라는 소리를 들은 지 오래라 일부러 청하여 만났는데 다 헛된 이름이더이다. 그래서 작별을 고하고 다른 명군을 찾으러 가는 길입니다."

사마휘가 호통쳤다.

"이는 그대 스스로 돌멩이를 옥으로 보고 치욕을 자초한 셈이니 누구를 탓하겠소. 그대가 찾는 명군이 눈앞에 있는데 어찌 유표를 찾아간 것이오."

그 사람은 사마휘의 말에 연신 옳다고 했다.

유비는 명군이 눈앞에 있다는 말이 자신을 가리킨다고 생각했다. 지난밤 사마휘의 말이 깊이 각인됐기 때문이다. 유비는 이 '명군을 찾고 있는 사람'이 와룡이나 봉추일 거라고 넘겨짚었다. 날이 밝으면 그를 만날 수 있다는 기대감에 잠은 더욱 멀어졌다.

이튿날 유비는 일찌감치 자리에서 일어나 사마휘를 만나러 갔다.

"간밤에 온 사람은 누구입니까?"

사마휘가 답했다.

"그는 명군을 찾는 사람이라 이미 다른 곳으로 떠났습니다."

유비가 그의 이름을 묻자 사마휘는 연신 '좋다^好'라고 응수했다. 그래서 명나라 말기의 문장가 풍몽룡^{馮夢龍}은 말끝마다 '좋다'

고 외친 사마휘에게 '호호선생好好先生'이라는 별호를 붙여주었다.

유비는 사마휘가 원하는 답을 들려주지 않자 사마휘에게 도와달라고 부탁했다. 하지만 사마휘는 딱 잘라 거절했다.

"저는 산야에서 한가로이 지내는 사람이라 큰 쓰임을 감당하지 못합니다. 저보다 열 배는 나은 사람이 장군을 도와 한실을 바로 세울 터이니 공께서는 그를 찾아가십시오."

유비는 속으로 생각했다.

'와룡과 봉추가 형양에 있고 명망도 높다면 찾아가는 것이야 어렵지 않으니 수경선생께 강권하지 말자.'

바로 이때 조운이 군사를 이끌고 유비를 찾으러 왔다. 유비는 사마휘에게 작별을 고하고 조운과 함께 신야로 돌아갔다. 유비는 자신이 겪은 일을 적은 서찰을 유표에게 전하라며 손건을 형주로 보냈다. 진상을 알게 된 유표는 격노해서 채모를 죽이려 했다. 그러나 채부인과 손건이 간곡히 말리는지라 호되게 꾸짖기만 하고 풀어주었다.

한편 와룡과 봉추를 찾아가려던 유비는 신야의 저잣거리에서 노랫소리를 듣게 되었다.

천지가 뒤집히고 불이 꺼지려 하네.

큰집이 무너지려 하는데 기둥 하나로 받치기 어려워라.

산골에 현명한 이 있어 명군을 따르려 하지만

명군은 현명한 이를 찾으면서도 나를 알아보지 못하는구나.

노랫소리의 도발적인 가사는 유비 심중의 가려운 곳을 제대로 긁어주었다.

'천지가 뒤집히고 불이 꺼지려 하네'에서 '불'은 한실의 '화덕火德'을 의미했고 한실이 쇠락하고 있음을 암시했다.

유비는 이미 20년 전에 황건의 장각을 보고 깨달았다. 이어진 노랫말에 자꾸 등장하는 '명군'이 되고픈 유비의 마음이 거세게 흔들렸다.

유비는 노래를 듣자마자 '저 사람이 와룡이나 봉추 중 한 명이 아닐까?'라고 생각했다. 나이는 적어 보이지만 풍격이 범상치 않은 것이 유비가 심중에 그리던 '어진 이'에 딱 들어맞았다. 유비는 곧장 그를 현아로 청해 이야기를 나눴다.

그러나 이 사람은 와룡이나 봉추가 아니라 영천潁川 출신의 명사 서서徐庶였다. 서서는 와룡과 봉추보다 못했으나 그 역시 보기 드문 인재였다. 서서는 와룡과 봉추 두 사람과 친분이 있었으며 그중 와룡 제갈량과는 매우 가까운 사이였다. 명군을 모시고 재주를 펼치고 싶어 천하를 떠돌던 서서는 형주에 이르러 유표를 만나러 갔으나 전해지는 바와 다른 허울뿐인 모습에 실망했다. 유비가 사마휘의 장원에 묵은 날 밤중에 찾아온 사람이 바로 서서였다.

서서는 사마휘가 말한 '눈앞에 있는 명군'이 유비임을 알고 스스로 찾아와 노래로 유비의 이목을 끈 것이다.

사실 사마휘에게 서서는 판을 어지럽힌 미꾸라지였다. 사마휘가 기획한 '달리기 시합'의 참가 선수는 제갈량과 방통뿐이었다. 그나마도 제갈량은 그냥 끼워 넣은 선수일 뿐 우승자는 방통으로 내정되어 있었다. 그런데 난데없이 나타난 서서가 선수를 치는 바람에 와룡과 봉추는 어이없이 탈락하고 말았다.

또한 서서는 스스로 '명사'의 몸값을 떨어뜨렸다. 원래 명사는 거드름을 피우며 '명군'이 찾아올 때까지 기다려야 했다. 그런데 자신이 먼저 찾아가는 바람에 가만히 있다가 이득을 본 '명군'은 굳이 명사에게 고개를 숙일 필요가 없어졌다.

서서는 자기가 또 사람을 잘못 골랐을까 봐 진짜 이름 대신 '선복單福'이라는 가명을 썼다. 그러면서 유비가 진정 '명군'인지 시험하기 위해 꾀를 냈다. 지금껏 보인 유비의 행실만으로 파악하지 못하고 따로 시험까지 하는 서서를 보면 제갈량이나 사마휘보다 보는 눈이 없음을 알 수 있다.

유비는 '선복'과 이야기를 나누면서 그의 식견과 재주가 손건과 비할 수 없이 뛰어남을 느껴 함께 큰일을 하자고 청했다. 그러나 선복은 일단 물건이 쓸만한지 시험해 보고 싶었다. 선복이 물었다.

"조금 전에 사군께서 타신 말을 보니 범상치 않아 보이더군요. 다시 한번 보여주십시오."

이런 정도의 부탁을 거절할 이유가 없기에 유비는 곧 사람을 시켜 적로를 데려오게 했다.

선복은 적로를 보고 말했다.

"이는 천리마가 분명하나 주인을 해칠 말입니다."

유비가 말했다.

"주인을 해치다니요? 오히려 주인을 구한 말입니다!"

그러면서 유비는 적로가 단계를 뛰어넘은 이야기를 들려주었다. 이에 선복이 말했다.

"이번에는 해치지 않았으나 훗날 틀림없이 주인을 해칠 것입니다. 제게 액을 없앨 방도가 있습니다."

유비가 말했다.

"자세히 듣고 싶습니다."

"먼저 가까운 사람에게 내주어 이 말이 그 사람을 해치고 나면 다시 거두어 타십시오. 그러면 별일 없을 것입니다."

유비는 단박에 낯빛을 바꾸며 손님을 배웅하라고 명했다. 선복이 깜짝 놀라 물었다.

"저는 천 리를 걸어 사군을 찾아왔는데 어찌하여 쫓아내시는 겁니까?"

유비가 담담히 말했다.

"공은 이곳에 오자마자 제게 인의를 행하는 법을 가르치지는 않고 사람을 해치고 사리를 취하는 법을 가르치니 내보낼 수밖에요."

이에 선복이 껄껄 웃었다.

"사군께서 어질고 의롭다고 들어왔으나 참인지 알 길이 없어 제가 떠본 것입니다."

유비가 '시험'을 통과하자 선복은 흔쾌히 군사를 맡아 온 힘을 다해 유비를 보필하기로 했다.

유비가 신야에서 평화로운 나날을 보내고 있을 때 조조도 놀고만 있지 않았다. 그동안 북방 전 지역을 평정한 조조는 마침내 남방에 머무는 유비를 노렸다.

조조는 대장군 조인曹仁과 이전李典을 번성樊城에 주둔시켜 호시탐탐 형주를 노렸다. 조인은 여광呂曠과 여상呂翔을 보내 신야를 공격하게 했다. 그러나 선복의 신묘한 전략으로 두 장수가 대패하자 조인은 격노했다. 지금껏 유비와 붙어서 진 적이 없는 조조군이었다.

조인은 유비의 실력이 달라졌음을 인정할 수 없어 직접 대군을 이끌고 신야를 공격했다. 이에 서서는 신출귀몰한 계책으로 조인을 무찌르고 번성까지 함락시켰다.

선복이 이끈 이 전투는 유비가 조조에게 맞선 이래 처음으로 거둔 대승이었다. 이 승리는 유비 진영의 사기를 높이고 선복에 대한 믿음도 굳혔다. 야심만만해진 유비는 와룡과 봉추 따위는 까맣게 잊어버렸다.

유비는 번성에 들어가 현령 유필劉泌을 만났다. 유비와 마찬가지로 한실 종친인 유필은 조조에게서 벗어나 유비 밑으로 들어가게 되어 몹시 기뻤다. 두 사람은 잔치를 열고 술잔을 기울였다. 이때 유필의 외조카인 구봉寇封이 유필 곁에 시립해 있었다.

대승을 거두고 한껏 들뜬 유비는 모든 사람이 다 좋게 보였다. 구봉은 생김새가 훤칠하고 재기가 넘쳤다. 여기서 유비는 이미 반쯤 홀려버렸다. 보편적으로 외모의 영향력은 결코 무시할 수 없다. 외모가 뛰어난 사람은 긍정적인 첫인상을 주기 쉽기 때문이다.

그런데 구봉이 단순히 생김새 덕만 본 것은 아니었다. 유비는 구봉의 이름을 듣고 돌연 그를 양아들로 삼고 싶어졌다. 만약 유비가 1년 전에 이렇게 했다면 누구도 반대하지 않았을 것이다. 반백이 다 된 사람이 후사를 걱정하는 것은 인지상정이고 도저히 자식이 생기지 않는다면 양아들을 들이는 것도 나쁘지 않았다. 그러나 감부인이 얼마 전 유비의 아들 유선을 낳은 상황에서는 말이 달라진다. 이미 핏줄 후계자가 있는데 굳이 양아들을 들일 필요는 없었다.

그러나 유비는 구봉의 이름인 '봉封'에 꽂혔다.

유비 아들의 이름은 유선이었다. 구봉을 양아들로 들이면 이름을 유봉으로 고치게 된다. 유봉과 유선을 같이 두면 '봉선封禪'이 된다는 말이다.

봉선은 혁혁한 공을 세운 제왕에 해당했다. 천자가 천하를 얻은 뒤에 이를 하늘과 땅에 고하기 위해 제사를 지내는데 봉封은 하늘에 지내는 제사이고, 선禪은 땅에 지내는 제사였다. 유비가 아들에게 '선'이라는 이름을 지어준 것은 의기소침한 상태에서 행한 '투사'였다. 그런데 선복의 도움으로 대승을 거둔 뒤 유비는 의기충천해졌다. '깃털 장식 덮개를 씌운 수레'의 꿈부터 사마휘가 말한 형주에서 떠도는 동요까지, 유비를 따른 수많은 행운과 길조가 한 데 엮여 위력적인 예언의 고리를 만들었다. 유비는 하늘의 뜻이 자신에게 있으며 용상에 오를 날이 머지않았음을 확신했다.

그래서 유비는 구봉의 이름에 과도한 반응을 보이며 제 아들의 이름과 연결 지어 한바탕 황홀한 꿈을 꾼 것이다.

정말로 유비의 시간이 온 것일까?

6년이나 우울증에 빠져 있다가 갑자기 들이친 햇살에 과민반응을 보이는 것은 아닐까?

◈ 시련을 기회로 바꾸는 역경 극복 처세술

뜻한 바대로 굴러가지 않는 것이 인생이다. 계획한 대로 척척 이루어지는 삶이 아니다. 삐끗하고 어긋나고 넘어지는 게 현실이다. 자신이 잘못해서 그럴 수도 있지만 환경이나 조건, 규제나 사회 제도가 발목을 잡을 때도 있다. 이것들을 분연히 떨치고 일어나야 앞으로 나아갈 수 있다.

선두를 빼앗은 사람은
다시 빼앗기기 쉽다

봉선에 대한 유비의 황홀한 꿈은 상상을 현실로 바꾸었다.

심리학 연구에 따르면 어떤 일을 상상하면 그 일이 실제로 일어난다는 믿음을 갖게 된다고 한다. 한 실험 결과, 자신이 성공하는 모습을 상상한 피실험자가 실패를 상상한 경우보다 성과의 기대치가 더 높았다. 피실험자들의 실제 행동도 상상한 결과물의 영향을 받아서 실패하는 모습을 상상한 피실험자보다 더 훌륭한 결과물을 내놨다. 또 생물심리학 측면에서 보면 긍정적인 상상은 우울감을 낮춰 준다.

미래에 대한 긍정적인 상상으로 유비의 내면은 그 어느 때보다 힘이 넘쳤다. 이렇게 미리 내면의 힘을 비축하지 않았다면 머잖아 닥칠 또 한 번의 타격을 버티지 못했을 것이다.

한편 조조는 서서의 계략으로 조인이 대패해 번성을 잃었다는 소식을 듣고 유비가 마침내 대업을 이뤘다고 생각하며 경악했다. 조조의 모사 정욱은 서서를 잘 알고 있었기에 유비에게서 그를 빼앗아 올 계략을 꾸몄다. 조조는 정욱이 시킨 대로 서서의 어머니를 속여 허도로 불러들였다. 하지만 서서 어머니는 충심으로 한실을 받드는 사람이었다. 허전 사건으로 한실의 '역적'이 되어버린 조조를 보자마자 호되게 꾸짖었다. 조조는 하는 수 없이 서서의 어머니를 감금하고, 정욱을 시켜 서서 어머니의 이름으로 서서에게 서찰을 보냈다.

얼마 전, 네 아우 강康이 죽어 눈을 들어 둘러봐도 친척이 없구나. 한참 슬퍼하고 있는데 뜻밖에 조승상이 사람을 보내 나를 속여 허창으로 불러들였다. 네가 반역을 꾀해 나를 하옥시킨다 하였으나 정욱의 도움으로 면하게 되었다. 네가 투항한다면 나는 죽음을 면할 수 있다. 만약 서찰을 받으면 너를 고생하여 기른 은혜를 생각하여 밤을 달려 찾아와 효를 다하거라. 그런 연후에 차차 고향에 돌아가 농사를 지으면 큰 화를 면할 수 있다. 내 지금 목숨이 실 끝에 걸린 듯하니 어서 구하러 오거라! 달리 더 부탁하지 않으마.

서찰을 본 서서는 가슴이 난도질당한 듯 괴로워 진위를 의심하지 못했다. 그는 즉시 서찰을 들고 유비를 만나러 가 작별을 고했다.

사실 서서는 모친의 성품을 잘 알았으므로 그 안의 허점을 간파하고도 남아야 했다. 자기연민과 나약함에 빠진 말투는 청상과부가 되어 두 아들을 반듯하게 키운 강인한 이미지와 전혀 맞지 않았다. 게다가 조조가 그의 어머니를 속여 허도로 불러들일 이유가 없었다. 이는 필시 서서가 조인을 꺾은 것과 연관이 있었다.

따라서 서서는 이 서찰이 조작된 것임을 알아차렸어야 했다. 그러나 아무리 총명한 사람도 가족의 안위가 위태로운 상황에서는 어리석어지는 법이다. 서서는 허도로 달려가 어머니를 구해야 한다는 생각밖에 없었다. 완전히 '초점 착각focusing illusion'에 빠진 상태였다. 선택지 중 한 가지가 머릿속에 각인되면 다른 보기는 간과되고 만다.

서서는 유비에게 자신의 진짜 신분을 밝히고 나서 작별을 청했다. 유비는 순간 정신이 혼미해졌다. 서서는 이미 없어서는 안 될 정신적 기둥이었고 자기 꿈을 위해 반드시 곁에 두어야 할 사람이었다.

그런데 떠난다고?

그것도 유비의 맞수 조조가 있는 곳으로 간다고?

도저히 받아들일 수 없었다.

눈물이 앞을 가렸다. 다들 유비가 툭하면 운다고 하는데 이번에는 정말로 가슴이 찢어질 듯 아파서 눈물이 절로 흘렀다. 서서가 온 뒤로 이제 막 서광이 비추기 시작했다. 그리고 앞으로 차근차근 대업을 이룰 수 있겠다는 희망이 보였는데 다시 조조로 인해 벼랑 끝에 서게 됐다.

유비가 울면서 말했다.

"원직, 모자의 정은 하늘이 정한 것임을 아는바, 내 그대를 붙잡지 않겠소. 다만 어머니를 뵙고 나서 속히 돌아와 다시 만날 수 있기를 바라오."

마음이 급했던 서서는 곧바로 하직을 고하고 떠나려 했다.

그러자 유비가 다시 그를 만류했다.

"내 실로 선생을 떠나보내기 아쉽소. 신야에서 하룻밤만 더 머무르시고 내일 아침 일찍 제가 배웅하겠습니다."

서서는 자신이 떠나는 상황이 사실상 적에게 투항하는 것과 마찬가지인지라 마지막 청을 거절할 수 없었다. 서서는 어쩔 수 없이 하룻밤을 더 머물렀다.

서서가 짐을 챙기러 가자 손건이 유비에게 은밀히 고했다.

"주공, 서원직은 천하의 기재이고 우리 신야의 허실을 속속들이 알고 있습니다. 만약 이대로 허도의 조조에게 보낸다면 우리 모두 위태로워집니다. 차라리 붙들어 두시지요. 그러면 조조가 그의 모친을 죽일 것입니다. 그리되면 서원직이 모친의 복수를 갚고자 온 마음을 다할 것입니다."

손건의 말은 음험했지만 유비의 귀에 솔깃하게 들렸다. 유비라고 어찌 모를까. 너무 급작스러워서 얼결에 보내주겠다고 했으나 곧 깊은 상실감에 성급한 결정을 후회했다. 그래서 서서에게 하루 더 묵고 가라고 했다. 유비는 어렵사리 얻어낸 이 시간 동안 대응책을 마련해 볼 생각이었다.

"내가 천하 사람들을 저버릴지언정 천하 사람들이 나를 저버리게 하지 않겠다."라는 조조의 원칙에 따르면, 주저 없이 서서를 붙잡아야 했다. 만약 따르지 않는다면 허도로 간 그에게 뒤통수를 맞을지도 모른다.

그러나 이런 짓은 조조조차 하지 않았다. 이 원칙에 따랐다면 기필코 관우가 유비를 못 찾아가게 막았을 것이다. 사실 이 말은 실수로 여백사呂伯奢 일가를 몰살시킨 조조가 심각한 '인지 부조화' 끝에 자기를 변호하기 위해 내뱉은 변명이었다. 한마디로 이는 조조의 좌우명이 아니었다. 허전 사건은 조조의 권세가 황제 위에 있음을 만천하에 알린 계기였으나 그로 인해 온갖 비난을 사고 수많은 적을 만들었다. 서서의 모친이 조조의 협박과 회유에 굴하지 않은 것도 이 때문이다.

조조가 관우를 놓아준 것은 자신이 어질고 의로우며 언약을 지킨다는 것을 보여주고 바닥에 떨어진 명성을 수습하려는 의도였다. 그러나 유비와 조조의 상황은 달랐다. 조조 진영에는 범 같은 맹장이 수두룩하므로 관우 하나 잃는다고 큰 문제가 되지 않았다. 그러나 서서를 잃으면 유비는 무너지는 하늘 아래 홀로 서 있는 꼴이 된다. 서서는 유비의 유일한 희망이었기 때문이다.

모친에 대한 절절한 마음을 토로하는 서서를 보며 유비도 문득 어머니가 그리워졌다. '점화 효과'가 일으킨 반응이다. 아들이 아무리 그리워해도 이미 세상을 떠난 어머니는 그 마음을 알 길이 없다. 내게 고통스러운 일을 남이 겪게 해서는 안 된다. 어찌 자기의 전철을 밟아 평생의 한이 되게 할까. 유비는 이를 악물었다.

"조조가 서서의 어머니를 죽이게 해서 내가 그 아들을 쓰는 것은 실로 어질지 못한 일이오. 또 서서를 붙잡아 모자의 도를 끊게 하는 것 또한 실로 의롭지 못한 일이오. 차라리 내가 죽을망정 그런 어질지도 못하고 의롭지도 못한 일을 할 수는 없소!"

이는 유비 평생 가장 어려운 선택이자 가장 어질고 의로운 결정이었다. 이 순간 유비는 진정한 인의의 화신이었다. 손건과 곁에 있던 사람들 모두 깊이 감동했다.

서서는 불안한 마음으로 유비와 함께 술을 마시며 하룻밤을 보냈다.

이튿날 아침, 유비는 약속한 대로 서서를 보내주기로 했다. 유비가 서서와 말을 나란히 하고 장정^{長亭}(멀리 떠나는 사람을 전별하기 위해 10리마다 세운 정자)에 이르렀다. 유비가 말에서 내려 잔을 들어 환송하며 눈물을 머금고 말했다.

"이 유비가 연분이 깊지 않아 이제 더 이상 선생과 함께할 수 없소. 그저 선생께서 새 주인을 잘 모시고 공명을 이루기를 바랄 따름이오."

서서는 자신의 앞날을 축복하는 유비의 말에 가슴이 찢어지는 듯했다. 유비의 어짊과 의로움에 감동한 서서는 호혜의 원칙에 따라 약속했다.

"저는 모친을 염려해 가는 것이지 공명을 바라고 가는 것이 아닙니다. 설령 조조가 저를 핍박하더라도 이 서서 평생 그를 위해 단 한 가지 꾀도 내지 않겠습니다!"

그 말에 유비도 시름을 덜었다. 서서가 조조에게 간다고 해서 조조의 힘이 강해지는 것은 아니라니 불행 중 다행이었다. 그러나 일단 서서가 떠나면 다시 조조에게 밀릴 테니 안심할 일이 아니었다.

다시 의기소침해진 유비는 길게 탄식했다.

"선생께서 떠나시고 나면, 나도 이제 그만 멀리 산속으로 숨을까 합니다."

서서가 황급히 유비를 달랬다.

"사군은 천하의 영웅이신데 이리 낙담하시면 안 됩니다. 마땅히 다시 현명한 인재를 초빙해서 함께 대업을 도모하셔야 합니다."

낙심한 유비가 말했다.

"천하의 어떠한 현명한 이가 선생보다 대단할 리 있겠습니까?"

서서는 안타까운 마음에 누군가의 이름을 말하려다가 머뭇거리며 말했다.

"저는 평범한 재주를 지녔을 뿐인데 어찌 감히 그처럼 큰 칭찬을 받을 수 있겠습니까?"

유비는 차마 서서를 떠나보낼 수 없어 가는 길을 계속 따라가며 배웅했다. 이에 서서는 다시 한번 감동하는 한편 더욱 초조해져 거듭 작별을 고했다. 서서가 말을 타고 멀리 떠나자 유비는 서서의 뒷모습에서 눈길을 거두지 않고 눈물을 쏟으며 중얼거렸다.

'아, 원직이 갔구나. 앞으로 어찌해야 하는가!'

유비는 우두커니 선 채로 멀어지는 서서의 뒷모습을 바라봤다. 끝내 그 모습이 시야에서 사라진 후에도 돌아갈 뜻이 없는 듯 눈길을 거두지 않았다.

희망이 없어졌으니 돌아가서 뭘 하겠는가. 근심과 슬픔이 강물처럼 흘러 도무지 막을 길이 없었다.

'반백 년의 간난신고를 겪음으로 내 신세 부침하기가 빗속의 부평초 같구나. 웅대한 뜻마다 깨어지니 중대한 때마다 허탕을 치는구나. 이런 인생이거늘 산다고 기쁠 게 무엇이며 죽는다고 두려울 게 무엇이랴!'

어지러운 마음을 어쩌지 못한 유비가 멍하니 있는데 저 멀리 서서가 말머리를 돌려 달려오고 있었다. 잘못 본 줄 알고 두 눈에 힘을 주고 다시 보니 진짜로 서서였다. 유비는 너무 기쁜 마음에 다시 눈물을 흘리며 외쳤다.

"원직이 돌아왔다! 원직이 돌아왔어!"

왜 서서는 다시 돌아왔을까?

사실 서서는 유비가 안 보일 때까지 말을 달린 뒤에야 유비가 진심으로 자신을 보내줬다는 사실을 깨달았다. 어진 사람은 적이 없다고 했다. 서서는 유비의 넓은 도량에 깊이 탄복했다. 설령 자신이 해를 입더라도 모자의 도리를 지켜주는 사람이야말로 진정 어진 자가 아니겠는가.

그래서 서서는 말머리를 돌렸다. 신야에 남기 위해서가 아니라 자기보다 훨씬 뛰어난 인재를 천거해 유비가 대업을 이루기를 바라서였다.

◈ 시련을 기회로 바꾸는 역경 극복 처세술

눈앞의 이익을 양보하면 손해 보는 것 같지만 결국은 자신의 덕으로 돌아온다. 하나에 집착해 기어코 차지하고 말겠다는 승부욕은 자신을 지치게 만들 뿐이다. 물론 끝까지 포기하지 말아야 할 것도 있지만 딱 하나의 길만 있는 것은 아니니 차선책을 생각해 보는 것도 답이다.

뛰는 사람 위에
나는 사람 있는 건 진리다

　서서가 천거한 사람은 수경선생 사마휘가 말했던 제갈량이
었다.

　서서도 제갈량이 출사를 원치 않음을 알았으나 밑져야 본전
이라는 마음으로 유비에게 천거한 것이다. 이는 유비의 어짊과
의로움에 대한 보답이었다. 벗을 팔아서라도 은혜를 갚겠다는
의도까지 엿보인다. 서서는 유비를 안심시키기 위해 제갈량에
대한 온갖 찬사를 쏟아냈다.

　제갈량이 자신을 관중管仲과 악의樂毅에 견준 것만으로도 오만
한 언행으로 비칠 수 있었는데, 여기에 서서는 말 한마디를 더
보탰다.

"관중과 악의도 그만 못 합니다. 그는 세상을 다스릴 재주를 지녔으며 저보다 백배는 낫습니다. 실로 천하제일의 인재라 할 수 있습니다."

다소 과장이 섞였지만 사마휘의 "와룡과 봉추, 둘 중 하나만 얻어도 천하를 안정시킬 수 있다."라는 말과 일맥상통했다. 지푸라기를 잃은 유비는 어서 빨리 다른 지푸라기를 찾아야 했다. 유비는 발등에 떨어진 불에 정신이 팔려 말의 진위를 의심하지 않았다.

그러나 '방관자'인 관우는 관중과 악의가 얼마나 대단한 인물인지 알았기에 서서의 말이 의심스러웠다. 그래서 관우는 제갈량을 '허풍선이'로 규정했다.

헤어짐에 앞서 서서는 제갈량을 직접 찾아가라고 유비에게 당부했다. 제갈량이 자발적으로 출사할 리 없다고 확신했기 때문이다. 덕분에 제갈량의 몸값은 더 치솟았다. 서서는 제갈량을 천거함으로써 빚을 다 갚았다고 생각하며, 홀가분한 마음으로 다시 작별을 고하고 가던 길을 재촉했다. 그러다가 문득 걱정됐다. 유비가 제갈량을 찾아갔다가 거절당하면 결국 원망의 화살이 자기에게로 돌아올 거란 생각이 들었다.

거기까지 생각한 서서는 먼저 와룡강臥龍崗에 들르기로 했다. 미리 유비에 대해 말해두면 제갈량이 자기 얼굴을 봐서라도 단

칼에 거절하지는 않으리라 생각했기 때문이다. 그러나 제갈량에게 자초지종을 말했다가 호된 질책만 듣고 말았다.

원래 유비는 제갈량이 오래전부터 노리던 '사냥감'으로 이미 몇 년 전에 판을 짜놓은 상태였다. 제갈량은 유비가 자기를 찾아오게 만들어 높아진 몸값의 힘으로 처음부터 유비에게 크게 쓰이기를 바랐다.

그런데 뜻을 이룰 날이 머지않은 상황에서 갑자기 나타난 서서가 자신이 바라던 자리를 차지해 버렸다. 그러니 일생의 계획을 망친 서서가 곱게 보일 리 만무했는데, 이제 서서 스스로 범의 아가리로 들어간다고 하니 제갈량은 그를 만난 김에 분풀이를 한 셈이었다.

그러나저러나 제갈량은 기분이 아주 좋았다. 서서가 떠남으로써 그 자리가 빈 데다, 서서의 천거까지 받았으니 제갈량의 몸값이 더 오르게 되었기 때문이다. 이제 그가 할 일은 유비를 기다리기만 하면 됐다.

한편 유비는 서서를 잃자마자 그를 대신할 최적의 인물을 알게 되어 흥분을 가라앉힐 수 없었다. 꿈을 이룰 날이 성큼 다가온 듯했다.

유비가 '중단 효과'로 꿈길을 걸은 것이다. 심리학에서는 어떤 즐거운 경험이 일시적인 중단 후 다시 하게 되면 더 큰 즐거움을 느끼게 되는데 이것을 '중단 효과'라고 했다.

연구자는 특정 가수의 유행가 몇 곡 중에서 몇 소절씩 잘라내 60초짜리 새 노래로 짜깁기했다. 그리고 피실험자를 두 그룹으로 나눈 후 첫 번째 그룹은 처음부터 끝까지 60초를 다 듣게 하고, 두 번째 그룹은 50초를 듣고 나서 10초짜리 기타 연주를 들은 다음 나머지 10초를 이어서 듣게 했다. 그 결과 중간에 음악이 끊김을 경험한 두 번째 그룹이 60초짜리 짜깁기 곡을 더 좋아했으며 이 가수의 콘서트에 참가하기 위해 첫 번째 그룹보다 2배나 많은 돈을 낼 의사가 있다고 밝혔다.

물론 중단 효과가 제대로 발휘되려면 중단된 시간이 너무 길어서는 안 된다. 그러지 않으면 중단 뒤의 황홀감은커녕 절망감을 느끼게 되기 때문이다.

지금 유비는 곧 꿈을 이루리라는 행복감에 빠졌다. 그래서 곧장 제갈량을 만나러 갈 채비를 했다. 이때 사마휘가 유비를 찾아왔다.

사마휘는 서서가 어떻게 지내는지 궁금해서 보러 온 참이었다. 그런데 뜻밖에도 서서는 떠나고 없었다. 유비에게서 자초지종을 들은 사마휘는 깜짝 놀랐다.

사마휘는 서서 어머니의 사람됨을 잘 알았다. 그래서 서서가 속임수에 넘어가 한나라 역적의 힘이 되기 위해 온 것을 알면 치욕을 견디지 못하리라 생각했다. 분명 아들의 발목을 잡지 않기 위해 스스로 목숨을 끊을 게 분명했다. 불행히도 사마휘의 예측은 비껴가지 않았다. 모친이 스스로 목매달아 죽자, 서서는 큰 충격을 받고 슬픔에 빠졌다.

이후 서서는 몸은 조조 진영에 있되 혼은 그곳에 두지 않았다. 안타깝게도 서서의 기재는 미처 재주를 펼쳐보지도 못한 채 사그라지고 말았다.

유비는 서서가 제갈량을 천거한 사실을 사마휘에게 말했다. 이에 사마휘는 탄식하며 말했다.

"서원직아, 서원직아. 떠나려거든 그대 혼자 떠나면 그만이지 어찌하여 그를 불러내 심혈을 쏟게 하느냐!"

사마휘는 제갈량이 출사하지 않을 것을 확신하고 있었다. 만약 제갈량이 출사를 원했다면 심혈을 쏟네 마네 이야기할 필요가 없었다. 이로 보아 제갈량은 그저 끼워 넣은 이름이었을 뿐이고, 사마휘가 진정 추천하고 싶었던 인물은 방통이었음을 재확인할 수 있다.

그런데 서서가 갑자기 끼어들어 자리를 차지해 버렸고, 뜬금없이 와룡을 추천함으로써 판이 흔들려 버린 것이다. 신중한 사마휘는 순리에 따르는 게 맞겠다고 생각하기에 이르렀다. 그래서 더는 이 문제에 간여하지 않기로 마음먹었다.

유비는 제갈량의 재주에 대해 다시 묻자 사마휘가 답했다.

"제갈량은 늘 자신을 관중과 악의에 견주었는데 그 출중한 재주와 지략은 깊이를 헤아릴 수 없습니다."

관우는 제갈량의 오만함을 보여주는 말을 또 전해 듣자 더는 참을 수 없었다.

"제가 듣기로 관중과 악의는 춘추전국 시대의 이름난 위인들로 그 공적이 하늘을 덮었다 하였습니다. 제갈량이 자신을 그들에게 견주는 것은 너무 지나치지 않습니까?"

사마휘가 담담한 표정으로 말했다.

"제가 보기에 그 두 사람을 제갈량과 견주는 것은 확실히 맞지 않습니다."

관우가 내심 만족하며 고개를 끄덕이는데 사마휘가 말했다.

"허나 저는 다른 두 사람에게 견주고 싶습니다."

관우가 그 두 사람이 누구냐고 묻자 사마휘가 말했다.

"주周나라 일으킨 강태공姜太公과 한나라를 성하게 한 장량張良만이 그에 견줄 수 있습니다."

관우는 말문이 막혔다. 아니, 유비를 뺀 모든 사람이 놀라 얼이 빠졌다.

강태공과 장량의 공적은 관중과 악의에 비할 바가 아니었다.

관중과 악의에 견주는 것도 못마땅한데 강태공과 장량이라고? 사마휘는 할 말을 마치고 돌아가 버렸다. 천성이 오만한 관우는 분통이 터졌다. 이때부터 관우는 이런 선비들을 하나로 싸잡아 '허풍선이'로 취급했다. 물론 이 모든 화는 결국 제갈량에게 쏟아질 수밖에 없었다.

한편 유비는 속으로 쾌재를 불렀다. 이미 유비의 마음속엔 제갈량을 서서의 유일한 후임으로 점 찍어둔 상태였다. 당연히 제갈량의 능력이 출중할수록 유비의 마음도 흡족했다.

인간관계에는 '최소 관심의 법칙'이 존재한다. 관계를 발전시키는 데 관심이 적은 사람일수록 더 큰 권력을 가진다는 이론이다. 이에 따라 제갈량의 '심드렁한 판매자' 전략이 유비를 더욱 안달 나게 했다.

사실 유비가 선택할 사람은 제갈량 말고도 한 사람이 더 있었다. 애초에 사마휘가 와룡과 봉추 두 사람을 추천했다. 둘 다 능력이 탁월하므로 둘 중 누구를 얻어도 천하를 평정할 수 있다고 했다. 그런데 이상하게도 유비의 마음에는 방통의 자리가 없었다. 왜 그랬을까?

이는 서서와 사마휘가 이어달리기하듯 제갈량의 몸값을 높인 탓이었다. 그런데 간과하면 안 되는 요소가 있다. 바로 목동이 무심코 한 말이 유비의 잠재의식에 미묘한 영향을 미쳤다는 사실이다.

목동은 사마휘와 방통이 서로를 형님 아우라고 부를 정도로 사이가 가깝다고 했다. 목동이 무심코 한 말은 평지풍파를 다 겪은 유비의 잠재의식에 가시처럼 박혔다. 사이가 가깝다면 서로를 챙기는 게 인지상정이다. 이는 역사 속 수많은 사례를 통해 뇌리에 박힌 고정관념이다. 그래서 사마휘가 와룡과 봉추의 이름을 언급했을 때, 유비는 잠재의식에서 방통을 '사마휘의 사람'으로 규정하고 그의 재주를 얕보았다. 게다가 사마휘가 제갈량의 이름을 먼저 언급하는 바람에 먼저 들은 이름에 집중하고 나중에 들은 이름은 무시해 버렸다. 잠재의식에 뿌리 박힌 '무시'는 상당히 오랜 시간 지속하는데, 이 또한 훗날 방통의 출사를 막는 걸림돌이 되었다.

그렇게 제갈량은 대체할 수 없는 사람이 되었다. 당연히 유비는 기꺼이 몸을 낮춰 여러 번 방문하는 수고를 마다하지 않았다. 제 꿈을 이뤄줄 귀인을 놓칠 수 없었기 때문이다. 사실 유비가 그 목동의 말을 잘 헤아려 봤다면 이런 수고를 할 필요가 없었다.

목동이 말하기를 사마휘가 사람들과 어울리며 유비를 여러 번 언급했다고 했다. 이 중에는 제갈량도 있었다. 다시 말해 형양의 명사들이 유비를 주목한 지 오래라는 뜻이었다. 유비가 현명한 인재를 찾고 있을 때, 이 인재들도 유비를 찾고 있었다. 총명한 주군과 현명한 인재가 서로 만나 상부상조해야 대업을 이룰 수 있다. 유비가 이 점을 일찍 깨달았다면 제갈량이 출사를 거절하지 않을까 불안해하지 않아도 될 일이었다.

관우와 장비는 유비가 어린 녀석 하나를 만나기 위해 머리 숙이고 들어가는 것은 체통 없는 행동이라고 봤다. 하지만 유비는 무척 신이 나 있었다. 사마휘에게 자극받아 상상력이 더 높은 차원으로 뻗어 나갔기 때문이다. 유비는 자신이 제갈량을 청하는 것은 지난날 주문왕周文王이 강태공을 청했던 것과 같다고 생각했다.

주문왕은 강태공을 세 번이나 청해 겨우 그를 얻었다. 재주가 뛰어난 사람일수록 모시기 어려운 법이다. 반대로 말하면 모시기가 어려운 사람일수록 재주가 뛰어난 법이다. 사실 이 둘 사이에는 아무런 상관관계가 없다. 흔한 착각이지만 사람들은 이를 믿어 의심치 않는다.

유비는 이런 믿음으로 기꺼이 삼고초려를 했다. 처음 두 번은 일부러 피했다가 세 번째 찾아왔을 때 유비를 만나준 제갈량은 결국 유비의 청을 받아들였다.

유비는 더없이 기뻤다. 유비는 마흔여덟에 거병해 진나라에 맞서고 8년 뒤에 황제가 된 자신의 선조 유방을 떠올렸다. 자신 역시 곧 마흔여덟이 되었고 헛되이 흘려보낸 세월이 적지 않지만 아직 기회는 있었다. 천하무적 제갈량이 내 군사가 되었으니 천하는 이제 자기 것이라 믿어 의심치 않았다.

혹자는 '망상'에 가까운 유비의 생각을 비웃을지 모른다. 그러나 이런 '자기기만'은 그가 수많은 역경을 버틴 힘이다.

역경은 외부에 '있는' 것이 아니라 내부에서 '느끼는' 것이다. 따라서 절망적 상황도 순응하고 받아들이게 만든다. 원망과 포기는 극단적인 괴로움만 부른다. 유비는 역경에도 늘 빛을 찾아내 미래에 대한 희망을 키웠다. 그 덕에 남들은 바라보지도 못할 자리에 올랐고 지금도 여전히 나아가고 있다. 이런 한결같은 용기와 끈기는 박수받아야 마땅하지 않을까? 이런 마음의 힘과 지혜는 본받을 만하다.

◈ 시련을 기회로 바꾸는 역경 극복 처세술

때로는 남을 무시할수록 남들이 무시하지 못하는 사람이 된다. 하지만 '무시'가 어떤 방식인가 하는 건 문제이다. 진정한 자기 실력으로 무시해야 한다. 실력도 없으면서 남을 깎아내리거나 비아냥거린다면 웃음거리만 될 뿐이다.

자기 꾀에 넘어가는 사람처럼
어리석은 자는 없다

유비는 너무 일찍 샴페인을 터뜨렸다.

삼고초려로 천하제일의 책사 제갈량을 얻었으나, 향후 천하의 형세를 완전히 뒤집을 화근을 심었다. 세월에 묵혀지고 정세에 떠밀린 이 화근은 삼고초려의 당사자인 제갈량, 유비, 관우, 장비뿐만 아니라 조조, 손권, 사마의司馬懿, 여몽呂蒙, 육손陸遜 등 당대의 풍운아 대다수의 운명을 뒤흔든다. 이는 먼 미래의 일이므로 나중에 이야기하겠다.

제갈량을 얻은 유비는 과한 기쁨에 빠져 지난날 관우와 장비에게 썼던 '한 상에서 밥 먹고 한 침상에서 잠자기'라는 낡은 수법을 또 써먹었다. 이에 제갈량은 깊이 감동했으나 지켜보는 관우와 장비의 속은 말이 아니었다.

삼고초려를 하는 동안 관우와 장비의 눈에 비친 제갈량은 쥐뿔도 없는 주제에 뭔가 있는 척하는 안하무인이었다. 한마디로 첫인상이 최악이었다. 그런데 유비가 제갈량을 추어올리기만 하니 두 사람은 질투로 눈이 돌 지경이 되었다.

심리학에 '소유 효과endowment effect'가 있다. 구체적인 물건이든 추상적인 권리든, 일단 어떤 대상을 소유하게 되면 갖기 전보다 그 가치를 훨씬 높게 평가한다. 따라서 어쩔 수 없는 상황으로 이 대상을 잃으면 그 가치가 훨씬 상향 조정된다. 내 땅 까마귀가 비록 검어도 귀엽다는 심리는 바로 이 '소유 효과'로 인한 것이다.

'한 상에서 밥 먹고 한 침상에서 잠자기'는 관우와 장비의 특권이었다. 그런데 이런 특권을 누린 지 20여 년 가까이 되자 살짝 지겹기도 하던 참이었다. 그러던 차에 불쑥 나타난 제갈량이 이 특권을 가로채니 '소유 효과'가 발동한 관우와 장비 눈에 제갈량이 곱게 보일 리 없었다.

그러나 귀인을 얻은 기쁨에 취한 유비는 두 아우의 마음을 눈치채지 못했다.

어느 날 유비가 제갈량과 천하의 대세를 논하고 있는데 유표가 유비를 형주로 불렀다. 강하를 지키던 유표 휘하의 맹장 황조가 동오의 손권에게 죽자, 늙고 병든 몸으로는 적을 막을 길이 없다고 생각한 유표가 이 일을 상의하고자 부른 것이다.

유비는 제갈량과 장비를 데리고 형주로 향해 유표를 만났다. 지친 기색이 역력한 유표가 유비를 반겼다.

"근자에 병이 많은 게 내가 살날이 그리 길지 않은 듯하오. 요즘 일도 제대로 보기 힘든 데 현제가 나를 대신해 주시지요. 그리고 내가 죽으면 이곳 형주의 주인이 돼 주시오."

유비는 기절초풍했다. 채모가 자신을 죽이려 했던 일이 아직도 생생한데, 후계를 둘러싼 진흙탕 싸움에 유비가 다시 낄 순 없었다.

유비는 다급히 고개를 저으며 거절했다.

"형님, 그게 무슨 말도 안 되는 말씀이십니까? 소제가 어찌 그같은 중임을 감당할 수 있겠습니까?"

그때 옆에 있던 제갈량이 마음이 조급해져 유비에게 눈짓을 보냈다. 그러나 유비는 그런 제갈량을 본체만체했다. 제갈량은 융중에서 유비에게 천하를 얻기 위한 기반으로 반드시 형주를 얻어야 한다고 말했었다. 당시 유비는 차마 그럴 수 없다는 뜻을 밝혔지만 제갈량은 유비가 그냥 하는 소리인 줄로만 알았다. 사마휘도 유비를 염두에 두고 "이제 천명이 돌아갈 곳이 생기니 진흙 속 반룡이 하늘로 날아오르네."라고 했다. 그런데 기회가 제 발로 찾아온 상황이다. 유비가 마땅히 이 청을 수락하도록 만들어야 했다.

관역館驛으로 돌아온 제갈량은 유비에게 대놓고 물었다. 이에 유비가 답했다.

"나를 받아준 유경승의 은혜에 보답하지도 못했는데 어찌 그가 위태로운 틈을 타 그의 땅을 빼앗겠습니까?"

이제 갓 초려에서 벗어나 세상 물정 모르는 제갈량은 도무지 유비를 이해할 수 없었다. 만약 유비가 죽어도 제 뜻을 굽히지 않을 것을 미리 알았다면 그를 따르지 않았을지 모른다. 아무리 웅대한 뜻을 가졌어도 근거지 없이 어찌 뜻을 펼칠까? 그러나 이미 어쩔 수 없는 상황이 되었으니 "참으로 인자하신 주공입니다."라는 말로 애써 실망감을 달랠 수밖에 없었다.

두 사람이 한담을 나누고 있는데 공자 유기가 찾아왔다. 유기도 제 부친과 마찬가지로 유비의 도움을 얻고자 찾아온 것이다. 채씨 일당은 유종을 후계자로 세우기 위해 유기를 제거하려고 했다. 따라서 유기는 자기 목숨을 구할 길을 알아야 했다.

이는 참으로 어려운 문제였다. 고금을 통틀어 얼마나 많은 영웅호걸이 이 문제로 골치를 앓았는지 모른다. 유비는 돕고 싶은 마음이 굴뚝같았으나 좋은 계책이 떠오르지 않았다. 유기가 애걸복걸하자 유비는 제갈량에게 도움을 구했다. 그러나 유비가 형주를 차지해야 한다고 생각하는 제갈량에게는 유표의 집안싸움이 격해지길 바라고 있었다. 그래서 제갈량은 남의 집안일에 끼어들 수 없다는 이유로 거절했다.

그런데 이 일로 유비는 한 가지를 깨달았다. 제갈량의 말을 들으면 마음에 꼭 들긴 해도 실제로 그가 문제를 해결하는 것은 본 적이 없었다. 유기가 처한 상황은 제갈량의 지혜를 시험해 볼 절호의 기회였다.

유비는 유기를 배웅하며 귓속말로 방법을 알려주었다. 유기는 크게 기뻐하며 떠났다.

이튿날, 유비는 배가 아프다며 제갈량에게 자기 대신 유기를 찾아가 답례해달라고 했다. 제갈량을 다시 만난 유기는 가르침을 청했다.

"계모가 저를 용납하지 않으니 부디 목숨을 구할 방책을 알려주십시오."

제갈량은 유기의 청을 거절하고 자리를 뜨려고 했다. 유기가 다시 그를 붙잡았으나 제갈량은 시종일관 "이는 제가 꾀할 일이 아닙니다."라는 말로 거절했다.

"그렇다면 감히 선생께 수고를 끼칠 수 없지요."

그 말에 제갈량이 안도하려는데 유기가 말을 이었다.

"제가 얼마 전에 희귀한 고서를 하나 얻었는데 선생께서 한번 보시렵니까?"

고서에 관심이 많았던 제갈량은 귀가 솔깃했다. 두 사람은 사다리를 밟고 뒤쪽의 누각에 올랐다. 제갈량이 책은 어디 있냐고 묻자 유기는 갑자기 무릎을 꿇더니 다시금 살 방도를 물었다. 유기에게 속은 것을 알고 몹시 화가 난 제갈량은 그대로 돌아가려고 했다. 그런데 누각을 오르는 데 쓴 사다리를 벌써 누가 치워버려서 내려갈 수 없었다.

출사한 제갈량이 재주 한번 써보기도 전에 유비의 꾀에 당한 것이다. 유기가 다시 애걸하자 제갈량은 하는 수 없이 한 가지 묘책을 일러주었다.

"신생^{申生}은 안에 있다 죽었고 중이^{重耳}는 밖에 있어 살았습니다. 지금 황조가 죽어 강하를 지킬 사람이 없는데 공자는 어찌하여 중이를 본받아 강하에 주둔하며 지키겠다고 청하지 않습니까? 그리하면 목숨을 지킬 수 있을 텐데요."

신생과 중이는 둘 다 춘추시대 진나라 군주 진헌공^{晋獻公}의 아들이다. 진헌공이 총애한 여희^{驪姬}는 자기 아들을 태자로 세우기 위해 온갖 방법으로 신생과 중이를 모함했다. 신생은 안에서 지킨 끝에 죽었고 중이는 밖으로 도망쳐 살았다. 훗날 그는 위대한 업적을 남긴 진문공晉文公이 된다.

유기는 크게 기뻐하며 제갈량의 가르침대로 행하여 원하는 바를 이뤘다.

유비도 이 일을 계기로 제갈량이 실로 비범한 사람이라는 걸 다시 한번 확인했다.

제갈량이 그 이름값에 맞는 재주를 지녔음을 확인한 유비는 "선생을 얻은 것은 물고기가 물을 얻은 것과 같다."라는 말을 입에 달고 다녔다. 그 말에 더 배알이 꼬인 관우와 장비가 대놓고 불만을 토로했다.

"아직 어린 제갈량이 무슨 재주가 있겠습니까? 대우가 좀 과하신 듯합니다."

이에 유비는 가차 없이 질책했다.

"아우들이 무엇을 아는가? 내 다 생각하는 바가 있네."

바로 그때 누군가 유비에게 들소의 꼬리털을 선물했다. 갑자기 흥이 난 유비는 이 꼬리털로 모자를 짜기 시작했다. 무엇이든 짜는 것이라면 일가견이 있는 유비였기에 다시 재료를 잡으니 손이 절로 움직였다.

신이 나서 모자를 짜는 유비의 모습을 본 제갈량은 화가 머리 끝까지 치솟았다. 출사하기 전에 유비의 진짜 모습을 알아보지 못하다니. 내가 주인을 잘못 고른 셈이 아닌가.

제갈량이 물었다.

"명공, 혹시 큰 뜻을 버리고 이런 것이나 즐기시려는 겁니까?"

유비는 깜짝 놀라 다 만든 모자를 바닥에 내던졌다.

"선생, 나는 그저 잠시 소일거리로 시간을 보낸 것뿐입니다."

그러자 제갈량이 정색하며 말했다.

"명공, 한번 가늠해 보시지요. 명공과 유경승을 비하면 어떻습니까?"

유표가 무능하기는 했으나 드넓은 형양을 차지하고 있었다. 이에 반해 유비는 조그마한 신야에 머무르고 있지만 이마저도 유표의 땅이었다.

유비는 잠시 생각하다가 말했다.

"제가 그만 못 합니다."

제갈량이 다시 물었다.

"명공과 조조를 비하면 어떻습니까?"

이번에는 생각조차 하지 않고 답했다.

"제가 그보다 훨씬 못 합니다."

"못 하다고 하셨으니 묻겠습니다. 일단 조조의 군대가 쳐들어오면 겨우 수천의 군사로 어찌 막으려 하십니까?"

이 말에 유비는 머리를 세게 얻어맞은 듯했다. 제갈량을 얼고 득의양양해진 유비는 처지를 잊고 있었다. 유비는 얼굴이 달아올라 황급히 사죄했다.

"선생의 말씀이 옳습니다. 가르침을 주십시오."

제갈량이 말했다.

"가장 시급한 것은 병사를 모으는 일입니다. 제가 그들을 가르쳐 필요한 때에 대비케 하겠습니다."

유비는 곧장 제갈량의 뜻에 동의했다.

왜 유비는 뜬금없이 모자를 뜨다가 제갈량에게 훈계를 들은 것일까?

간단하다. '진보의 함정'에 빠졌기 때문이다. 어떤 목표를 향해 가는 과정에서 '진보'가 있으면 마음이 느슨해진다. 그로 인해 최종 목표를 이루는 데도 영향을 미치게 된다.

유비는 제갈량을 얻고 그의 재주까지 확인하니 천하가 곧 내 것이 될 것만 같아 그간 놓아본 적 없는 긴장의 끈을 확 놓아버렸다. 그때 들소 꼬리털을 보자 문득 '놀고' 싶어졌다. 사실 유비가 대단히 나쁜 짓을 한 것은 아니었으나 제갈량이 느끼는 바는 달랐다. 제갈량은 심혈을 기울여 판을 짰고, 유비를 주인으로 선택하는 일생일대의 도박을 했다. 그런 제 바람을 이루려면 사소한 어긋남도 있어서는 안 되었다.

제갈량의 일침에 정신이 번쩍 든 유비는 그의 건의에 따라 군사를 모아 훈련시키기 시작했다.

◈ 시련을 기회로 바꾸는 역경 극복 처세술

성공 직전에 내쉬는 숨에 판이 뒤집힐 수도 있다. 이는 최종 승부가 날 때까지 방심하면 안 된다는 말이다. 최후의 일격, 9회 말 역전 홈런은 우리 일상에도 적용된다. 자신이 원하는 결과가 나올 때까지 느슨해지지 말고 긴장하며 최선을 다해야 한다.

빌리되 갚지 않는 사람은
신뢰를 잃는다

조조는 십만 대군과 함께 하후돈夏侯惇을 신야로 보냈다. 유비는 다급히 관우와 장비를 불러 대책을 논의했다. 관우와 장비는 유비가 입만 열면 '제갈 선생'을 찾고 '물고기가 물을 얻은 셈'이라 해서 배알이 잔뜩 꼬여 있었다. 그런데 정작 일이 벌어지자 자신들을 부르는 모습에 장비가 성질을 못 참고 비꼬았다.

"형님, 무슨 큰일이라고 그러십니까? '물'을 보내면 다 해결되지 않습니까?"

유비는 무슨 말인가 잠시 생각하다가 곧 장비가 말한 '물'이 제갈량을 뜻함을 알아차렸다.

"제갈 선생은 계책을 내는 군사이고 나가서 싸우는 것은 두 사람이 해야 마땅하지 않으냐.”

유비는 일단 분란을 피하려고 관우와 장비를 내보낸 뒤 제갈량을 청해 상의했다.

큰 뜻을 펼치려는 제갈량에게 관우와 장비의 무시하는 마음은 큰 걸림돌이었다. 그러나 진정한 고수라면 이런 상황을 자기에게 유리하게 뒤집어야 했다.

제갈량이 말했다.

“하후돈이 무서울 게 뭐가 있겠습니까? 제가 걱정하는 것은 주공의 두 아우가 제 말을 듣지 않는 것입니다. 주공, 제게 군사를 맡기시려거든 주공의 검인劍印을 빌려주십시오.”

유비가 제갈량을 청한 것은 군사로 삼기 위함이었다. 군사는 그저 참모일 뿐이었다. 군령을 내리는 사람은 유비다. 서서도 마찬가지로 그저 계략을 내는 데 그쳤지 월권까지는 하지 아니했다. 그런데 제갈량은 유비의 검인을 요구했다. 이는 군 통수권을 가져가겠다는 뜻이었다.

아랫사람의 주제넘은 행동은 윗사람의 거절과 의심, 경계를 부른다. 그래서 아랫사람은 감히 의심을 살 만한 짓을 하지 않는다. 그런데 갓 출사한 제갈량이 서슴없이 유비의 검인을 요구한 것이다. 제갈량은 유비가 거절할 가능성을 아예 염두에 두지도 않았다.

제갈량의 예상대로 유비는 검인을 제갈량에게 넘겨주었다.

유비는 왜 그랬을까?

이는 '허니문 효과honeymoon effect'로 인한 필연적 결과이다. 두 사람의 관계가 친밀해지고 감정이 깊어질수록 상대의 요구를 군말 없이 수용하게 된다.

유비와 제갈량은 감정이 깊어질 대로 깊어진 상태였다. 유비는 제갈량이 심혈을 기울여 만들어낸 후광과 유기를 곤경에서 구해준 재주에 탄복했다. 제갈량의 능력을 믿은 유비는 제갈량이 직접 군령을 내리는 편이 자기가 내리는 것보다 낫다고 판단했다. 한편으론 관우와 장비가 멋대로 굴면서 제갈량의 명에 따르지 않을까 염려되는 것도 사실이었다. 그래서 제갈량의 위신을 세워주기 위해 흔쾌히 검인을 넘겨주었다.

제갈량은 한번 빌려 가면 절대 돌려주지 않았다. 유비에게서 빌려 간 검인이 첫째고, 초선차전草船借箭으로 얻은 화살이 둘째고, 맨입으로 손권에게서 형주를 빌린 것이 세 번째다. 검인을 얻은 제갈량은 일이 쉬워졌다. 관우와 장비는 제갈량의 명을 거스르고, 잘난 체하는 그가 우스워지는 꼴을 구경할 작정이었다. 그런데 제갈량이 검인을 가리키고 유비까지 말을 보태니 불만스럽더라도 일단 따를 수밖에 없었다.

물론 제갈량이 '센 척'하는 데는 말 못 할 고충이 있었다. 겨우 군사 수천으로 하후돈의 십만 대군을 상대하는 건 달걀로 바위 치는 격이었다. 그러나 결코 져서는 안 되는 싸움이었다. 서서와 사마휘가 그를 하늘 위의 존재로 만들어 놓았는데 이 싸움에서 진다면 제갈량을 둘러싼 후광은 일시에 사라질 것이다.

그래서 돌다리도 두들겨 보고 건너는 성격임에도 위험을 무릅쓰고 첫 전투에서 화공을 준비했다. 제갈량의 계략에 넘어간 하우돈은 불길에 휩싸인 박망파에서 참패하고 말았다.

제갈량은 첫 전투를 승리로 이끌어 위신을 세웠다. 이는 위험을 무릅쓴 결과였을 뿐 확실한 승전 전략이 아니었다. 만약 조조가 다시 대군을 보낸다면 손바닥만 한 신야를 지키기는 어려웠다. 제갈량은 고심 끝에 형주를 취해 조조에 맞설 근거지로 삼자고 설득했다.

그러나 유비의 인의도덕이 발목을 잡았다.

"유경승의 은혜를 입었으니 차마 그리할 수 없소!"

제갈량의 마음에서는 칼바람이 불었다. 융중에서 만났을 때 유비는 형주와 익주를 빼앗아 근거지로 삼는 데 암묵적으로 동의했다. 그게 아니라면 발 디딜 땅 하나 없는 유비를 따를 까닭이 없었다. 그러나 너무도 단호한 거절에 제갈량은 달리 할 말이 없었다.

"지금 형주를 취하지 않으면 훗날 크게 후회하실 겁니다."

이후 유표는 병세가 더 위중해지자 뒷일을 상의하기 위해 유비를 불렀다. 유비는 제갈량이 다시 이 문제를 꺼낼까 봐 관우와 장비만 대동하고 형주로 향했다.

유표는 유비를 만나자 놀라운 말을 꺼냈다.

"현제, 내 병이 위중하여 이제 그대에게 남겨질 자식을 부탁하고자 하오. 내 아들은 무능하니 내가 죽고 나면 현제가 대리해 주시오."

만약 제갈량이 옆에 있었다면 호박이 넝쿨째 굴러왔다며 유비의 승낙을 종용했을 것이다. 편향적 인식으로 보면 당연한 반응이다. 그러나 줄곧 인의도덕을 지킨 유비의 귀에는 다르게 들렸다.

유표는 자기 입으로 자식을 부탁한다고 했다. 이는 자기 아들을 유비에게 부탁할 테니 아들이 형주를 잘 다스리도록 도와달라는 뜻이다. 다른 하나는 유표가 잠시 대리해달라고 했지 형주의 주인이 되라고는 하지 않았다. 이로 미루어 유표는 자기 아들에게 형주를 물려줄 생각이었다. 그런데도 왜 유비에게 거듭 형주를 맡아달라고 했을까?

여기서 유표의 용의주도함이 드러난다. 유비가 형주로 온 이래 그의 인망에 형주 사람들은 날로 더 그를 깊이 흠모했다. 그런 와중에 천하제일의 책사 제갈량까지 곁에 두게 되었다. 그러니 채씨 일당의 참언이 없더라도 꺼림칙할 수밖에 없었다. 유표는 유비가 제갈량의 지혜와 관우, 장비, 조운의 용맹함에 기대 자신의 사후에 형주를 빼앗을까 봐 두려웠다. 그래서 고심 끝에 유비에게 그럴 뜻이 있는지 떠보기로 한 것이다. 만약 유비가 배은망덕한 마음을 꼭꼭 숨긴 소인배라면 아무리 대비해도 막을 수 없다. 그러나 유비가 평소 자신이 말한 대로 인의도덕을 행하는 군자라면 그의 대답에 상관없이 사회적 여론을 고려해서라도 감히 형주를 취하지 못할 터였다.

한마디로 유표는 유비가 과연 언행이 일치하고 명예를 중시하는 군자인지 내기를 건 것이다. 만약 유비가 그런 자라면 유표가 이기는 것이고 아니라면 지는 내기였다.

유표의 말에 유비는 다급해졌다. 줄곧 형주를 취할 뜻이 없다고 밝혀왔으나 이번에야말로 유표의 의심을 거둘 필요가 있었다. 유비는 유표의 침상 아래 납작 엎드렸다.

"제가 마땅히 충심을 다해 조카를 도와야지 어찌 감히 형주를 대리하는 중임을 맡겠습니까?"

딱 유표가 원하던 답이었다. 다들 유표가 무능하다고 얕보았지만 이 '탁고托孤'로 그가 아직 살아있음을 확인할 수 있다. 이런 능력이 없었다면 어찌 수십 년 동안 형주를 호령할 수 있었겠는가. 당황한 와중에도 유표의 '탁고' 전략에 크게 깨달은 유비는 훗날 제갈량에게 청출어람의 탁고 전략을 펼친다.

유비는 유표의 부탁을 애써 거절하고 서둘러 신야로 돌아갔다. 자초지종을 들은 제갈량은 유비가 절호의 기회를 흘려보낸 것에 또 탄식했다.

"주공, 이번에 형주를 취하지 못했으니 장차 큰일이 닥칠 것입니다."

이때 제갈량은 유비의 마음을 깊이 헤아리지 못했으나 수십 년 뒤 백제성에서 '탁고'의 무게를 절실히 깨닫는다. 그리고 그제야 이때 유비의 마음이 얼마나 복잡했을지 알게 된다.

한편 하후돈이 대패해 돌아오자 조조는 분기탱천해 직접 백만 대군을 이끌고 강남까지 쓸어버리기로 했다. 제갈량이 말한 '큰일'이 곧 벌어질 참이었다.

유표는 두려움에 잠긴 채 세상을 떠났다. 채씨 일당은 혼란을 틈타 유종을 형주의 주인으로 세운다. 그러나 조조의 백만 대군이 남하한다는 소식에 공포에 빠진 채모는 유종에게 투항을 권했다.

형주를 거저 얻은 조조는 더 오만방자해졌다. 그는 조인曹仁에게 조홍曹洪을 선봉으로 삼아 신야를 공격해 유비 삼형제를 완전히 끝장내라고 명했다.

유비와 제갈량은 유종이 형주를 바쳤다는 소식에 비통함을 가누지 못했다. 그러나 이제 와 후회하고 원망한들 어쩌겠는가? 제갈량은 어쩔 수 없는 상황에서 위험을 무릅쓰고 신야를 불태워 조조군의 선봉을 물리친다. 그리고 조조의 대군이 당도하기 전에 유비와 함께 번성으로 도망쳤다.

◈ 시련을 기회로 바꾸는 역경 극복 처세술

내가 그 상황에 놓여야만 깊이 공감하게 된다. 어떤 문제에 봉착했을 때 역지사지로 생각해 볼 수 있지만 가슴으로 와 닿지 않는다. 경험해보지 못한 일에서는 더더욱 그 마음과 생각에 근접하기 어렵다. 그러므로 남의 처신을 보고 험담을 함부로 입에 올리면 안 된다.

백기를 드는 것에는
언제나 신중해야 한다

조조가 번성을 공격하자 유비는 황망히 퇴각했다. 신야에서 번성까지 유비를 따라온 백성과 번성의 백성을 합치면 십만이 넘었다. 이들은 유비를 어질고 의로운 주인으로 여겨 계속 뒤를 따랐다. 객관적으로 보자면 또 실패한 셈이었지만 다른 때와 달리 유비의 심정은 그리 괴롭지 않았다. 여기에는 두 가지 이유가 있었다.

첫 번째는 제갈량이 적은 군사로 두 번이나 많은 적을 물리치는 것을 보고 비정상적인 '희망회로'를 돌렸기 때문이다. 유비는 제갈량만 있으면 어느 상황이든 역전시킬 수 있다고 생각했다. 두 번째는 유비가 지금까지 인의도덕을 위해 애써왔기 때문인지 수십만의 백성이 죽기를 각오하고 따르는 모습에서 처음으로 민심의 힘을 느낀 것이다.

그런 이유로 유비는 태연자약했으나 제갈량은 피를 토하는 심정이었다. 조조에 맞설 근거지로 형주를 취해야 한다고 거듭 설득했으나 유비는 귓등으로도 듣지 않았다. 조조의 대군이 파죽지세로 밀고 들어오면 제아무리 지혜로운 제갈량이라도 패전을 피할 수 없었다. 그런데 늘 자신을 관중과 악의에 견주던 혈기 넘치고 호승심 강한 제갈량이 어찌 자신의 실패를 용납할 수 있을까. 이 지경에 이르자 제갈량은 애당초 출사를 결심한 것이 후회됐다.

한편 남녀노소를 가리지 않고 모든 백성이 뒤를 따르자 유비군의 퇴각 속도는 늦춰질 수밖에 없었다. 이 사실을 안 조조는 정예 기병 5천을 뽑아 유비를 추격했다. 제갈량은 상황이 위급해지자 적당한 이유를 대고 지난날 그가 도와줬던 유기의 도움을 구하러 강하로 향했다. 제갈량의 잠재의식은 이 피할 수 없는 참패에서 어서 몸을 빼라고 속삭였다.

제갈량이 먼저 떠나자 영민한 간옹은 일이 심상치 않음을 깨닫는다. 간옹은 즉시 점을 쳐 신비로운 하늘의 뜻을 빌어 유비에게 퇴각할 것을 권했다.

"이 점괘는 아주 흉한 징조입니다. 오늘 밤 안에 백성을 버리고 도망쳐서야 합니다!"

유비가 말했다.

"이들은 신야에서부터 나를 따라왔는데 어찌 그들을 버릴 수 있겠소."

사실 유비가 백성을 데리고 가는 것은 오히려 그들을 해치는 길이었다. 만약 이들이 사방으로 흩어져 산과 들에 숨는다면 조조군도 이리저리 쫓아다니며 약탈하지 못할 것이다. 그런데 백성이 유비군과 함께 있으면 조조군의 창칼에 가장 먼저 희생당할 수밖에 없었다.

해가 뉘엿뉘엿 기울어갈 즈음 유비는 당양當陽에 이르렀다. 그때 조조의 5천 철갑기병이 유비군을 따라잡았다.

유비는 지금껏 겪은 실패와는 비교도 안 될 참패를 당했다. 전투 중 다시 가족과 헤어졌고 부하들도 뿔뿔이 흩어졌으며 수십만 백성도 같이 참변을 당했다.

다행히 장비가 끝까지 뒤따르며 유비를 장판長坂 강가의 숲까지 호위했다. 그러나 유비의 두 부인과 아들 아두, 미축, 미방, 간옹, 조운은 어찌 되었는지 알 길이 없었다.

유비의 삶을 돌아보면 좋은 날이 오래가지 않았다. 일이 잘 풀리는가 싶으면 느닷없이 시련이 닥쳤다. 그런데 아무리 큰 시련도 유비를 완전히 무너뜨리지 못했다. 이는 유비에게 운이 따라서이기도 하지만 절대 포기하지 않는 끈기도 한몫했다. 만약 유비가 작은 실패에도 기가 죽고 남 탓이나 했다면 그가 겪은 시련의 횟수와 강도로 보건대, 목숨이 백여 개라도 모자랐을 것이다.

사람은 사지에 빠져 죽는 것이 아니라 절망에 빠져 죽는다. 유비는 어둠에서 빛을 찾고 절망에서 희망을 찾았다. 이것이 유비에게서 가장 배울 점이다.

이제 유비가 믿을 사람은 제갈량뿐이었다. 사마휘가 강태공과 장량에 견준 이 불세출의 기재는 처음으로 유비에게 꿈이 현실이 될 수 있음을 보여줬다.

만약 유비가 이 참패를 겪을 때 제갈량이 같이 있었다면 그의 이미지는 돌이킬 수 없는 타격을 입었을 것이다. 그 자리에 있고 없고가 심리에 미치는 영향은 확연히 다르다. 제갈량이 자리에 없었기에 그의 위명과 유비의 희망이 지켜졌다. 더 나아가 강하에 있다는 사실로 인해 제갈량에게 거는 기대도 물거품이 되지 않았다.

그래서 유비는 비통한 와중에도 절망하지 않고 자신감을 잃지 않았다. 이때 장비는 홀로 장판교 위에 올라 유비를 보호하며 흩어진 병사들을 모았다. 미방은 얼굴에 화살을 맞은 참담한 모습으로 도망치다 장판교 위에 선 장비를 보고 다급히 달려왔다.

미방은 유비를 만나자마자 가슴 철렁한 소식을 전했다.

"주공, 조운이 배신하고 조조에게 투항하러 갔습니다!"

그 말에 유비가 격노했다.

"그게 무슨 허튼소리냐! 자룡이 나를 따른 지 오래거늘 어찌 나를 배반한단 말이냐!"

미방은 조운이 퇴각하지 않고 조조군 쪽으로 말을 달리는 것을 보고 배반했다고 생각했다. 사람은 대개 타인의 행동 하나를 가지고 성격과 특질을 판단한다. 그러나 대부분은 '제 마음으로 타인의 마음을 헤아리는' 것뿐이다. 사실 유비의 두 부인과 아들 아두를 보호하는 임무를 맡은 조운은 혼란한 와중에 유비의 가족을 잃어버려 직분을 다하지 못했다고 괴로워했다. 그러다 죽음으로 유비의 은혜를 갚기 위해 조조 진영으로 말머리를 돌린 것이다.

조운의 뜻을 모르는 미방의 판단은 그의 잠재의식에 투항할 뜻이 있음을 보여주고 있다. 극단적인 상황에 몰린 미방은 투항도 염두에 두고 있었다. 그래서 말머리를 돌린 조운의 행동만 보고 조조에게 투항하러 갔다고 판단했다. 미방의 잠재의식에 깃든 '투항'의 뜻은 11년 뒤 위로 올라와 결국 관우를 배신하고 동오의 손건에게 투항한다. 이로 인해 미방의 운명은 완전히 달라졌다.

유비도 상황을 몰랐으나 대뜸 질책부터 한 것은 미방이 전한 말을 믿고 싶지 않아서였다. 그런데 옆에 있던 장비는 유비와 생각이 달랐다.

'조운이 오래 안 사이이기는 하지만 둘째 형님도 오래 안 사이가 아닌가? 그런 관우 형님도 조조에게 투항하지 않았던가!'

장비는 관우가 조조에게 투항한 것에 큰 충격을 받았다. 나중에 화해하기는 했으나 관우의 투항 사실은 장비의 잠재의식에 깊이 박혀 있었다.

그래서 장비는 입에서 나오는 대로 지껄였다.

"우리 형세가 궁하고 힘이 다한 것을 보고 부귀영화를 좇아 조조에게 투항한 것이 분명합니다!"

유비는 비단 조운을 위해서만 아니라 자신을 위해서도 변명했다.

"자룡은 환난에서 나를 따라 온 마음이 철석같거늘 어찌 부귀에 흔들리겠느냐?"

그러나 장비의 지지를 받은 미방은 다시 한번 분명하게 말했다.

"그가 조조에게 투항하러 가는 것을 제 두 눈으로 똑똑히 보았습니다."

유비도 '목도^{目睹}'의 힘을 모르는 것은 아니다. 그래도 조운의 편을 들었다.

"자룡이 그리한 것은 필시 연유가 있을 것이다. 자룡이 배반했다고 말하는 자가 또 있으면 즉시 목을 벨 것이다!"

유비는 함구령을 내려 미방에게 그가 '목도'한 사실을 퍼뜨리지 못하게 했다.

장비는 눈 가리고 아웅 하는 유비를 이해할 수 없었다. 부정을 용납하지 않는 장비는 이 일을 그냥 넘기지 못했다. 장비는 유비의 함구령에도 거리낌이 없었다.

"내가 그를 찾으러 가서 발견하면 그 자리에서 한 창에 찔러 죽일 것입니다!"

유비가 다급히 말렸다.

"아우야, 오해하지 마라! 지난날 안량은 방심하고 있다가 네 둘째 형에게 죽임을 당하지 않았더냐!"

말은 그렇게 했지만 장비까지 나서니 유비의 믿음도 흔들렸다. 간 사람은 가게 두어야 한다는 마음이면서도 "자룡이 나를 배신할 리 없다."라고 말한 것은 자기 위안일 뿐이었다. 그나마 관우가 이 자리에 없어 유비의 말을 듣지 못한 게 다행이었다. 그게 아니라면 관우도 화를 참지 못했을 것이다. 안량을 죽인 일은 관우 인생의 하이라이트였고 그를 '천하무적' 반열에 올린 사건이었다. 만약 유비가 말한 대로 안량이 방심하다가 관우에게 죽임을 당한 것이라면 관우의 명성이 실추되지 않겠는가?

이 세 사람의 언쟁은 상당히 위험한 신호였다. 최악의 참패 앞에서 유비 조직 내의 신념이 흔들리고 있음을 보여주기 때문이다.

한편 조운은 필사의 마음으로 장판파에서 일곱 번 적진으로 돌진했다가 빠져나오기를 반복하며 조조군을 휩쓸었다. 그러면서 요행히 아두를 구해냈으나 미부인은 구하지 못했다.

조운은 시뻘건 피를 뒤집어쓴 채 조조군의 포위를 뚫고 나와 유비를 만났다. 조운은 미방과 장비의 억측이 틀렸음을 행동으로 증명하고 유비에게서 더 굳건한 신임을 얻어냈다. 조운이 무사히 돌아왔을 때 유비의 기쁨과 감격은 이루 말로 표현할 수 없었다.

조운은 곧바로 갑주를 벗고 품에서 곤히 잠든 아두를 유비에게 건넸다. 그 순간 유비는 도저히 형용할 수 없는 감격을 느꼈다. 이후 강렬한 감정에 휩싸인 유비는 깊이 생각할 겨를도 없이 아두를 바닥에 내던지며 외쳤다.

"이깟 어린 아들 때문에 내 최고의 장수를 잃을 뻔했구나!"

그 말에 조운은 곧바로 땅에 엎드려 울었다.

"이 조운, 간과 뇌를 땅에 뿌리더라도 주공께서 알아주신 은혜를 갚을 수 없을 것입니다!"

유비가 조운의 마음을 사려고 한 의도적 행동으로 보는 시각
이 지배적이지만, 사실 유비는 본능적으로 움직였다. 아주 짧은
시간에 깊은 고민 없이 아두를 내던진 것은 조운의 굳은 충절과
직분을 다하는 태도가 유비에게 꼭 필요했기 때문이다. 만약
조운이 정말로 조조에게 투항했다면 유비 진영의 사기는 땅에
떨어지고 군심이 어지러워졌을 것이다. 조운은 백척간두에 놓
인 유비군의 조직 전체를 구했다.

이때 유비는 바닥에 자리를 펴고 나무 밑에 앉아 있었기에 아
두가 심하게 다칠 일은 없었다. 그래서 유비가 던진 탓에 아두
의 머리가 나빠졌다는 비난은 터무니없는 것이다.

◈ 시련을 기회로 바꾸는 역경 극복 처세술

'목도'한 광경은 대개 머릿속에서 그리던 광경이다. 객관적인 시
각에서 냉정한 눈으로 그 현장을 볼 수 없다. 한쪽으로 기울어진 판
단이 작용하기 때문이다. 대화할 때도 마찬가지다. 편파적 생각이
개입하면 주관적 관점으로 흘러간다. 그로 인해 상대에게 공감하지
못한다.

홧김에 저지른 일은
후회를 부른다

　조조군이 뒤쫓아오자 장비가 홀로 장판교에서 막으며 대갈일성하니, 조조군 장수 하후걸이 깜짝 놀라 말에서 떨어져 죽고 백만 대군은 혼비백산해 퇴각했다. 조운과 장비의 용맹 덕분에 유비 진영의 사기는 크게 올랐다. 그리고 모두 죽기를 각오하고 싸워 유비가 강하에 이를 때까지 보호했다. 그제야 유비군은 한숨 돌리고 재정비할 여유를 얻었다.

　이때 조조의 고질병이 또 도졌다. 조조는 패해도 결코 기가 죽지 않았지만 승리하면 어김없이 기고만장해졌다. 원래는 유비의 숨통을 끊어 후환을 없앨 때까지 몰아붙이려 했으나 생각해 보니 이미 유비는 독 안에 든 쥐라 후환을 염려할 필요가 없었다. 그래서 칼끝을 강 동쪽의 손권에게 돌렸다. 동오만 무너뜨리면 천하통일을 이룰 수 있었기 때문이다. 조조는 누가 봐도 협박하는 것으로 보이는 서찰을 손권에게 보냈다. 이에 아직 어린 손권과 세상 물정 모르는 백면서생 같은 문무백관들은 혼비백산했다.

손권은 두려운 와중에도 아버지와 형이 일군 강산을 제 손으로 바치고 싶지 않았다. 그래서 조조와 맞서 싸운 경험이 많은 유비와 제갈량이 있는 강하로 노숙을 보냈다. 절체절명의 위기에 손 놓고 있어야 했던 제갈량은 노숙의 방문으로 반격의 기회를 잡았다. 제갈량은 화려한 언변으로 노숙을 꾀어 동오로 갔다. 제갈량은 먼저 격장지계로 손권과 주유周瑜를 자극해 함께 조조에 맞서기로 했다. 그리고 '동풍을 빌려' 주유와 함께 적벽을 불태우며 전쟁을 승리로 이끌었다. 제갈량은 또 한 번 적은 힘으로 조조군을 무찌른 것이다.

이어 곧바로 강하로 돌아간 제갈량은 먼저 조운과 장비를 중요한 길목에 매복시켜 도망치는 조조군을 습격해 물리쳤다. 그리고 미방과 유봉을 보내 전리품을 거둬오게 했는데 오직 관우만은 모든 계책에서 배제했다.

관우의 기를 누를 속셈이었다. 장비는 불타는 박망파와 신야를 보며 제갈량을 인정했는데 천성이 거만한 관우는 결코 제갈량을 인정하지 않았기 때문이다. 제갈량은 유비 진영에서 공을 세우고 이름을 날리려면 관우를 기를 꺾어야 함을 잘 알았다.

관우를 무릎 꿇릴 여러 방법이 있었는데 제갈량은 그중 강경한 방식을 택했다. 동오에서 한껏 재미를 본 격장지계를 쓰며 일부러 관우에게만 아무런 임무도 주지 않아 격분시킨 것이다.

관우는 삼고초려 때부터 제갈량을 아니꼽게 보고 있었다. 그는 미방과 유봉 같은 하급 장수들에게도 임무를 주면서 왜 자신 같은 일류 장수는 임무에서 빼냐고 따져 물었다.

제갈량이 답했다.

"제가 듣자니 지난날 장군께서 조조의 진영에 있을 때 조조가 매우 후하게 대접했다고 하더군요. 원래 장군을 화용도華容道로 보내 지키게 할 생각이었으나 장군께서 옛정을 잊지 못해 조조를 놓아줄까 염려스럽습니다."

제갈량은 군령장軍令狀을 몇 장을 쓴다 해도 유비가 있는 한 관우를 죽이지 못할 걸 알았다. 유비는 무슨 핑계를 대서라도 관우의 목숨을 구명하려고 나설 게 분명했다. 그러나 관우가 화용도에서 조조를 놓아주기만 한다면 제갈량의 예상이 적중하게 되므로 관우를 승복시킬 수 있게 된다. 제갈량은 먼저 격장지계로 관우를 격분시켜 사지로 몰아 굴복시킨 다음에 살길을 열어줌으로써 완전히 무릎 꿇리겠다는 의도였다.

제갈량의 예측대로 격분한 관우는 그 자리에서 군령장을 쓰고 명을 받아 화용도로 떠났다. 유비는 제갈량이 관우가 군령장을 쓰게끔 몰아붙인 까닭을 이해할 수 없었다. 유비는 관우의 성품을 잘 알았다. 의기義氣가 중한 관우라면 조조를 풀어줄 확률이 높았기 때문이다.

이를 아는 제갈량이 관우의 아픈 상처를 들쑤시고 격장지계로 자극한 배짱에는 세 가지 요인이 적용되었다.

첫 번째는 유비의 무한한 신뢰와 추앙이다. 유비는 제갈량을 극진히 대하고 최고 권력을 상징하는 검인까지 넘겼다. 제갈량이 어느 정도 총애를 믿고 건방을 떤 셈이다.

두 번째는 적벽대전을 통한 자기 고양이다. 제갈량은 적벽대전에서 크게 활약하며 엄청난 대승을 이뤄냈다. 적벽대전의 대승은 제갈량의 위신을 크게 높이기도 했지만 그의 자신감을 한없이 끌어올렸다.

세 번째는 따지고 보면 제갈량도 관우처럼 건방이 하늘을 찔렀다는 점이다.

물론 첫 번째와 두 번째 요인에 대해서는 다들 고개를 끄덕일 것이지만 세 번째 요인에는 의문을 표하는 사람이 적잖을 것이다. 제갈량이 건방지다고? 증거가 있는가?

당연히 있다.

심지어 두 가지나 있다.

하나는 제갈량이 융중에 은거할 당시 늘 자신을 관중과 악의에 견준 것이다. 그 말을 사람들은 그다지 수긍하지 않았다. 관중과 악의는 춘추전국 시대의 명인들로 역사에 남을 위대한 업적을 세웠지만, 재야에 묻혀 사는 무명의 선비 주제에 자신을 관중과 악의에 견준 것이다. 참으로 건방지지 않은가?

다른 하나는 자기 친구들인 서서, 석광원石廣元, 맹공위孟公威의 재주와 학문으로 관직에 오른다면 자사나 군수에 이를 것이라고 한 바 있다. 이에 친구들이 자신의 미래는 어찌 보느냐고 묻자 말없이 웃기만 했다. 자신을 관중과 악의에 견준 것으로 미루어, 훗날 자기 친구들보다 훨씬 높은 자리에 오르리라 확신했음을 알 수 있다. 이 또한 건방진 생각이 아닌가?

그래서 관우가 승복하지 않고 아니꼬워할수록 제갈량은 더 세게 몰아붙였다. 제갈량이 관우에게 격장지계를 쓴 이유다.

관우를 걱정하는 유비에게 제갈량이 말했다.

"주공께서는 걱정하지 마십시오. 제가 지난밤 천문을 읽으니 조조는 아직 죽을 때가 아니었습니다. 그저 일부러 운장에게 인정을 베풀 기회를 준 것입니다."

유비는 제갈량의 입에서 '천문'이라는 말이 나오자 곧 가슴을 쓸어내렸다.

이후 조조는 제갈량의 예상대로 화용도로 도망쳤고, 관우는 예상대로 조조와 부하들을 놓아주었다.

관우는 차마 고개를 들지 못한 채로 돌아와 명을 기다렸다.

제갈량은 금세 낯빛을 바꾸고 군령장을 들이밀며 관우의 목을 취하려 했다. 이는 거만한 관우를 굴복시키려는 의도였다. 관우가 잘못을 인정하기만 한다면 그를 살려줄 셈이었다. 그러나 천성이 거만한 데다 제갈량과 기싸움을 하던 관우가 승복할 리 없었다.

옆에서 지켜보던 유비는 가슴이 철렁 내려앉았다. 제갈량의 하는 짓이 제게 말했던 것과 달랐기 때문이다. 유비는 처음으로 제갈량의 의도가 의심스러웠다. 그러나 지금은 그런 것을 따질 때가 아니었다.

유비는 곧장 나섰다.

"군사, 우리 세 사람이 의형제를 맺을 때 생사를 함께하기로 맹세했소. 오늘 관우가 법을 어겼으니 죽어 마땅하나 이대로 그를 죽이면 지난날의 맹세를 어기게 되오. 바라건대 군사께서 잠시 그의 허물을 덮어두고 훗날 공을 세워 갚게 해주시오."

유비의 임기응변과 말솜씨가 참 대단했다. 관우를 감싸면서도 관우가 죽을죄를 지었음을 인정해 제갈량의 권위도 세웠다.

그러면서 관우와는 생사를 함께하기로 한 사이이므로 이 일에 '유비'도 관계가 있음을 암시했다.

만약 제갈량이 군령장을 내세워 기어이 관우를 죽인다면 유비도 같이 죽여야만 했다. 유비는 이 조직의 주축인데 그를 죽이면 어찌 되겠는가?

제갈량은 관우를 굴복시키지는 못했지만 유비의 청으로 이쯤에서 멈출 수밖에 없었다. 그러나 이렇게 일을 처리함으로써 제갈량은 혹 떼려다 혹을 더 붙인 셈이 되어버렸다.

첫째, 관우는 목숨은 건졌되 체면을 잃었다. 체면에 죽고 사는 관우가 어찌 원한을 품지 않을까?

둘째, 나중에 유비에게 '천문'에 관한 말을 듣고 관우는 제갈량의 손에 놀아났음을 깨달았다. 이는 관우의 자존심에 큰 상처를 입혔고 제갈량에 대한 불만만 키웠다.

셋째, 관우는 제갈량이 아무리 잘났어도 유비 때문에 저를 어쩌지 못할 것을 알았다. 그래서 더 제갈량을 안중에도 두지 않는다.

이후 제갈량과 관우의 관계는 더욱 악화일로로 치달았다. 유비가 사태를 대충 무마시킨 것은 단기적으로는 효과가 있었으나 장기적으로는 조직 전체를 위험에 빠뜨리는 행위였다.

따지고 보면 유비가 너무 무식한 탓이다. 만약 유비가 명장과 재상이 화해한 장상화將相和 고사를 알았다면 결과는 많이 달랐을 것이다.

전국시대 조나라의 중신 염파廉頗와 인상여藺相如는 사이가 몹시 나빴다. 염파는 이름난 명장으로 피비린내 나는 전투를 치르며 수많은 공을 세웠다. 인상여는 출신이 빈천했으나 훗날 기회를 얻어 진나라에 사신으로 가게 된다.

이때 그는 온전한 화씨지벽和氏之璧을 조나라로 가지고 돌아간다. 또 조왕이 진왕과 민지澠池에서 만났을 때는 기지를 발휘해 조왕의 존엄을 지켰다. 그래서 조왕은 인상여를 염파보다 지위가 높은 상경上卿에 봉했다. 염파는 인상여가 말재간으로 자리를 얻었다고 생각해 그를 업신여기고 사사건건 충돌했다. 그러나 인상여는 나라의 이익을 가장 중하게 여겼기에 끝없이 관용을 베풀어 결국 염파의 마음을 움직인다.

염파는 가시덤불을 짊어지고 찾아가 인상여에게 죄를 청했다. 이후 두 사람은 절친한 사이가 되어 재상과 명장이 화해하는 아름다운 이야기를 역사에 남겼다.

오만함으로 오만함을 누르는 것은 똑똑한 사람이 자기 능력을 과신할 때 하는 선택이다. 그러나 이는 윷놀이에서 개와 걸의 경쟁일 뿐이다. 고수라면 더 높은 수준에서 상대를 내려다 보며 가뿐히 굴복시킨다. 인상여는 나라의 대의라는 더 높은 수준에서 기세등등한 염파와의 갈등을 해결했다.

유비가 '장상화' 고사를 알았다면 관우와 제갈량의 기싸움이 심상치 않음을 깨달았을 것이다. 더 멀리 보며 두 사람의 갈등을 조정해 '장상화'를 재현했을 수도 있다. 그러나 안타깝게도 유비는 이 기회를 놓쳐버렸다. 오히려 유비는 대권을 손에 쥔 제갈량의 서슬 퍼런 통제욕에 더 불안감을 느꼈다.

◈ 시련을 기회로 바꾸는 역경 극복 처세술

통제욕의 이면에는 영혼 깊은 곳에 자리한 두려움이 있다. 상대에게서 자신이 소외될 수 있다는 불안감에 휩싸여 자기 생각대로 모든 일을 제어하려 한다. 만약 상대가 자기 통제권에 들어오지 않으면 공격하거나 철저하게 외면한다. 자신이 통제욕이 있다면 자기 안의 두려움을 들여다보자.

지능과
지혜는 다르다

　젊고 혈기 왕성한 제갈량은 관우를 굴복시키지 못한 게 마음
에 걸렸다. 계속해서 관우를 무릎 꿇게 만들고 싶었지만 조조
가 대패하고 도망친 형주를 차지하는 것이 급선무였다. 제갈량
과 유비는 유강油江 어귀로 군대를 옮겨 주둔시키고 조조군의 대
장군 조인이 지키는 남군南郡 공략을 준비했다. 이번 적벽대전의
주력군은 동오군이었다. 동오의 총사령관 주유는 유비가 거저
이득을 보려는 것에 불만을 품고 군사를 일으켰다.

　양측이 만난 자리에서 주유는 유비를 몰아붙였다.

　"현덕공이 군사를 이곳으로 옮긴 것은 남군을 취하려 하심입
니까?"

유비가 껄껄 웃으며 답했다.

"듣자니 공근公瑾께서 남군을 취하려 한다기에 도우러 온 것이오. 물론 도독께서 그럴 뜻이 없다면 내가 취하겠소."

한발 물러남으로써 한발 나아가고 수비로 공격을 감춘 교묘한 말이었다.

주유가 냉소를 날리며 말했다.

"우리 동오는 많은 공력을 쏟아 조조를 물리쳤는데 어찌 남군을 그냥 두겠습니까?"

유비가 말했다.

"승부는 예단할 수 없소. 나는 도독께서 남군을 공략하지 못할까 걱정이오."

젊은 나이에 뜻을 이룬 데다 대승을 거두고 득의양양한 주유가 이 같은 무시를 참을 리 없었다. 제갈량은 동오에 머무는 동안 주유의 그런 점을 파악하고 수시로 이용하며 마음껏 휘둘렀다. 제갈량에게 미리 주유를 상대하는 법을 들은 유비는 그대로 따랐다.

아니나 다를까, 주유가 오기를 부렸다.

"내 어찌 남군을 취하지 못하겠습니까? 만약 내가 취하지 못한다면 현덕공이 취하도록 하겠습니다."

유비는 다시 껄껄 웃었다.

"도독의 그 말씀은 여기 계신 자경과 공명이 증명할 것입니다. 도독께서는 후회하지 마십시오!"

군의 형세가 변화무쌍함을 모를 리 없는 주유였지만 얼떨결에 말을 뱉고는 곧바로 후회했다. 하지만 체면 때문에 말을 번복할 순 없었다.

"대장부가 한번 뱉은 말은 목에 칼이 들어온다 해도 지킬 것이오! 어찌 후회하겠습니까?"

세상의 모든 기세는 오르내림을 반복한다. 주유가 강하게 나오자 유비 또한 기세가 꺾여 가슴이 세차게 뛰었다. 주유가 가자마자 유비가 제갈량에게 말했다.

"방금 군사께서 제게 그리 대답하라 하시기에 따르기는 하였으나 만약 주유가 정말로 남군을 취하면 큰일이 아닙니까? 이 유비, 외롭고 곤궁하며 발 디딜 땅조차 없는데, 이번에 남군을 취한다면 몸 둘 곳이 생기게 됩니다. 그런데 주유가 남군을 취하는 것을 손 놓고 보기만 한다면 앉아서 좋은 기회를 잃는 셈이 아닙니까?"

제갈량은 유비를 향해 빈정거렸다.

"주공께서는 제가 형주를 취하라 수없이 권했는데도 듣지 않으셨으면서 오늘은 어찌 그러십니까?"

방자하기 이를 데 없는 말이었다. 유비의 후한 대접과 스스로 거둔 성공에 취한 제갈량이 시건방져졌음을 알 수 있다. 유비는 그 말에 언짢은 기분이 들었지만 아직까지 두 사람의 관계는 밀접했기에 고깝게 듣지 않았다.

"그때 형주는 유경승의 땅이었기에 차마 빼앗지 못한 것이오. 지금은 조조의 땅이 되었으니 꺼릴 이유가 없지요."

결론인즉슨 '인의도덕'에 발목이 잡혔다는 소리였다. 유비가 형주를 취하고 싶은 마음이야 굴뚝같았다. 하지만 명성이 깎이는 짓은 할 수 없었고, 자신이 세운 이 원칙은 갈수록 '관성'이 강해져 손발을 묶는 족쇄가 돼버렸다. 그런데 형주를 물려받은 유종이 조조에게 투항하면서 소유자가 조조로 바뀌었으니 유비로서는 더 이상 꺼릴 이유가 없었다.

그러나 제갈량이 봤을 때 형주는 시종일관 형주였다. 유씨가 다스리든 조씨가 다스리든 아무 차이가 없었다. 이 같은 인식의 차이 때문에 제갈량은 유비를 제대로 이해할 수 없었다. 이후 제갈량이 낸 수많은 계책이 유비의 뜻과 결을 달리한 이유도 이 때문이다.

이후 주유는 군사를 일으켜 남군을 공격했으나 조인이 쏜 독화살에 맞고, 주유는 이를 역이용해 죽은 척 조인을 속였다. 계략에 넘어간 조인은 몰래 동오군을 습격했다가 주유에게 격퇴당하고 만다.

주유가 다급히 군사를 몰아 다시 남군을 공략하려는데 이미 제갈량이 보낸 조운이 혼란을 틈타 차지한 뒤였다.

제갈량은 조인을 돕기 위해 하후돈이 출병한 틈을 타 양양까지 빼앗아버렸다.

주유는 머리끝까지 화가 났다. 물론 자신이 먼저 약속했지만 승리를 눈앞에 둔 상황에서 제갈량이 약속을 어기고 끼어들어 두 성지城池를 손쉽게 차지하자, 주유는 중상을 입었음에도 장수들을 모아 유비에게 보복하려 했다.

이때 노숙이 손권의 명을 받고 군정을 살피러 왔다. 노숙은 손권과 유비가 싸우면 조조가 어부지리를 얻을까 염려돼 주유를 막아섰다. 주유가 분통을 터뜨렸다.

"우리 동오가 계책을 내고, 돈과 군량을 쓰고, 병마를 잃었는데 유비와 제갈량이 우리가 다 이룬 것을 가로챘으니 어찌 한스럽지 않겠소!"

노숙이 말했다.

"도독, 일단 제가 가서 그들을 만나 이치로써 설득해 보겠습니다. 통하지 않으면 그때 가서 군사를 일으켜도 늦지 않습니다."

그길로 노숙이 유비를 찾아가 말했다.

"조조가 백만대군을 이끌고 강남으로 내려온 것은 사실 황숙에 맞서기 위함이었습니다. 우리 동오가 조조군을 격퇴하고 황숙을 구했으니 형양의 9군은 우리 동오에 속함이 마땅합니다. 그런데 황숙께서 간계를 써서 남군 형양을 빼앗아 점령하였습니다. 우리 동오가 헛되이 돈과 군량을 쓰게 하였으니 이는 이치에 어긋날까 두렵습니다."

노숙의 논리는 유비와 같은 시각에서 비롯되었다. 즉 유종이 투항하고 형주의 소유권이 조조에게 넘어갔다는 것이다. 따라서 동오가 조조를 격퇴했으니 형양 9군의 소유권을 가져야 마땅하다는 논리다. 따라서 제갈량이 이렇게만 말하면 다 해결될 문제였다.

"적벽에서의 싸움은 우리 양측이 손을 잡을 결과이지 동오만의 공이 아니오. 내가 동풍을 빌리지 않았다면 도독에게 묘책이 있었다 한들 어찌 성공했겠소? 동오는 이미 강동 6군郡 81주州를 차지하고 있는데 욕심이 끝이 없소이다. 우리 주군 유황숙은 아직 발 디딜 땅조차 없으니 남군과 형양을 취함이 마땅하지 않겠소? 게다가 우리는 동오에게 먼저 공략하라고 하였는데 도독이 화살에 맞아 퇴각했기 때문에 나선 것이오. 인의를 다했으니 이치에 어긋남이 없소!"

그럼 어쩔 도리 없이 형주의 귀속 논쟁은 매듭지어졌을 것이다. 형주가 조조의 땅이라면 손권과 유비 모두 조조를 물리치는 데 공을 세웠으니 둘 중에 무력이나 지력으로 먼저 차지한 자가 그 땅을 얻는 것이 이치에 맞았다.

그러나 제갈량의 답변에 유비는 크게 실망했다.

"형양 9군은 동오의 땅이 아니라 유경승의 기업基業이고 우리 주공은 유경승의 아우시오. 유경승이 비록 돌아가셨으나 아들이 아직 있소. 우리 주공께서는 숙부로서 조카를 도와 형주를 취한 것인데 아니 될 이유가 있습니까?"

제갈량은 형주의 소유권이 옮겨갔음을 인정하지 않고 여전히 유표의 것이라고 했다. 이 말로 노숙의 힐책은 막았을지 몰라도 간신히 빠져나온 도덕의 함정으로 유비를 다시 밀어 넣은 꼴이 되었다. 노숙이 말했다.

"만약 공자 유기가 형주를 차지한다면 이치에 맞습니다. 그러나 유기 공자는 줄곧 강하에 주둔해 있고 이곳에 없다고 들었습니다."

노숙은 제갈량이 이끄는 대로 끌려가 더는 형주가 조조의 땅이라고 하지 않았다. 그래서 유비가 유기 대신 형주를 빼앗아 차지한 것인지를 물었다.

제갈량이 답했다.

"공자 유기는 여기 계시오."

제갈량은 손짓으로 유기를 모셔 오라고 했다. 잠시 후 유기가 병색이 완연한 얼굴로 부축받으며 나타났다. 노숙은 유기가 살날이 얼마 남지 않았다고 판단해 번뜩 물었다.

"만약 공자께서 아니 계시면 어찌 되오?"

그 말에 유비는 가슴 한구석이 서늘해졌다. 제갈량이 만든 틀 안에서는 유기가 죽더라도 숙부인 유비는 인의도덕 탓에 정정당당히 형주를 취할 수 없었다. 그러나 아무리 유비의 말솜씨가 좋더라도 이 마당에 달리 대처할 방도가 없었기에 그저 제갈량이 하는 대로 지켜볼 수밖에 없었다. 제갈량도 말려들어 버렸다. 노숙이 이렇게 대놓고 물을 줄 몰라 잠시 얼떨떨해하던 제갈량이 답했다.

"공자께서 하루 계시면 우리가 하루 지킬 것이오. 공자께서 계시지 않으면 따로 상의하시지요."

그러나 노숙은 물러나지 않았다.

"만약 공자께서 아니 계시면 성지를 우리 동오에 돌려주셔야 합니다!"

제갈량은 할 말이 없어 그저 웃으며 답했다.

"자경의 말대로 하겠소."

제갈량은 이 풍파가 얼렁뚱땅 수습되었다고 생각했다. 제갈량은 유비를 도와 한실을 부흥시키고 천하를 통일할 계획이었다. 어디 형주뿐이랴? 동오의 강동 6군 81주도 언젠가는 빼앗을 생각이었다. 지금은 동오를 다독이고 힘을 키울 시간을 벌어야 했다. 시간이 흘러 유비의 세력이 강해진 다음에는 서로 창칼을 맞대게 될 것이다. 그러나 자신감이 과해진 제갈량은 사람의 계획이 하늘의 뜻을 벗어나지 못함을 간과했다. 이후 상황은 그의 계획과는 아주 다른 방향으로 흘러갔다. 제갈량이 형주의 귀속 논쟁을 미봉책으로 대충 틀어막은 탓에 훗날 큰 평지풍파가 일었다.

유비는 제갈량의 대응이 불만이었지만 되돌릴 수 없으므로 유야무야 넘어갔다. 여전히 제갈량이 만든 단꿈에 빠져 있던 유비는 대놓고 그의 잘못을 꼬집고 싶지 않았다. 그러나 이 점은 유비가 잘못 판단했다. "악한 일이 아무리 작다고 해도 행해서는 아니 된다."라는 이치를 깨달았으므로 제갈량에게 이해가 안 되는 점과 불만스러운 점을 속 시원히 털어놓았어야 했다. 그래야 주군과 신하가 서로 이해한다는 말이 빈말로 끝나지 않는다.

이후 제갈량은 조운과 장비에게 영릉零陵, 계양桂陽, 무릉武陵을 공격하게 해서 점령했다. 관우는 남들이 공을 세우는 것을 지켜만 볼 수 없어 장사長沙를 공략하겠다고 나섰다. 결국 제갈량의 계략이 통했다. 제갈량은 격장지계로 관우를 무릎 꿇리는 데 성공하게 된다.

◈ 시련을 기회로 바꾸는 역경 극복 처세술

어물쩍 속이려는 대상은 늘 자기 자신이다. 자신에게 진실하지 못하고 위선과 거짓으로 꾸미려 든다. 자신을 속여야만 겉으로 그 모습이 표출되기 때문인데 이는 실패할 수밖에 없다. 자신의 본심을 가장 잘 알기 때문이다. 어떠한 상황에도 최소한 자신에게만은 진심인 사람이 되자.

기싸움에는
승자가 없다

"자룡이 계양을 취하고 익덕이 무릉을 취하는 데 군사 3천을 데려갔습니다. 이번에 공략하는 장사 태수 한현韓玄은 재주가 없으므로 입에 올릴 게 없습니다. 염려스러운 건 그의 휘하에 있는 장수 황충입니다. 그는 나이가 육순에 가까워 수염과 머리가 모두 하얗게 셌지만 만 명도 못 당할 용맹을 지녔습니다. 그러니 운장께서는 적을 가벼이 여기지 마시고 더 많은 군마를 데리고 가십시오."

제갈량은 일부러 관우를 자극했다. 진심으로 관우가 적을 과소평가하지 않기를 바랐다면 조운과 장비가 데려간 군사 수를 언급할 필요가 없었다.

사람에게는 '닻 내림 효과anchoring effect(앵거링 효과)'가 존재한다. 무의식적으로 어떤 일과 상관없는 숫자를 그 일의 판단 기준으로 삼는 경향이다.

미국 메사추세츠 공대에서 경매 행사를 개최했다. 경매에는 프랑스산 포도주와 무선 키보드가 출품되었다. 경매 시작 전 연구원들은 경매에 참여한 학생들에게 자신의 사회보장번호social security number 끝 두 자리 숫자를 적으라고 했다. 예를 들어 학생의 사회보장번호 끝 두 자리가 55이면 연구원이 그에게 55달러에 입찰하기를 원하는지 물었다. 그리고 마지막으로 각 경매품에 얼마나 많은 돈을 입찰할 생각인지 물었다.

결과는 놀라웠다. 사회보장번호 끝 두 자리의 숫자가 클수록 숫자가 작은 학생보다 평균 300%나 많은 금액을 적어냈다. 이성적으로 생각하면 경매가와 사회보장번호 끝 두 자리 숫자는 아무 상관이 없다. 그런데 특정한 숫자가 기준점이 되어 이후의 판단에 영향을 미치는 '닻 내림 효과'의 놀라운 결과를 만든 것이다.

제갈량은 조운과 장비가 겨우 군사 3천으로 승리를 거뒀다고 강조했다. 그렇다면 이 '3천'이라는 숫자가 기준점이 된다. 관우가 더 뛰어난 공을 세우고 능력을 증명하려면 군사 수가 3천보다 적어야 했다.

이어 제갈량은 장사 태수 한현은 재주가 없으므로 입에 올릴 것도 없다고 했다. 군사 3천으로 장사를 무너뜨리는 것은 그리 대단한 일이 아니며 무능한 한현을 이기기는 어린아이 팔을 비트는 것만큼 쉽다는 뜻이다. 그러면서 자극의 강도를 높이려고 나이가 육순에 가까워 수염과 머리가 하얗게 센 황충을 언급했다. 천하를 종횡무진 누비며 수많은 명장을 벤 관우가 황충 같은 노장을 두려워할 까닭이 없었다. 제갈량이 선의인 척 건넨 말은 관우를 멸시하는 말에 지나지 않았다.

원래 제갈량에게 불만이 가득했던 관우는 괴이쩍은 이 말에 인내심을 잃었다.

"군사는 어찌하여 남의 날카로운 기세만 추켜세우는 것이오? 황충이라는 늙은이가 대단할 게 뭐요? 나는 군사 3천도 필요 없소. 내가 거느린 교도수校刀手(큰 칼을 든 군사) 5백만 데리고 가 황충과 한현을 죽이고 장사를 손에 넣겠소!"

듣고 있던 유비가 펄쩍 뛰며 감정적으로 대처하지 말라며 관우를 달랬다. 그러나 관우는 누가 달랠수록 더 오기를 부리는 성미였다. 결국 유비도 더는 말리지 못했다. 괴곽한 관우가 더 오기를 부리며 교도수 5백조차 마다하고 홀로 장사를 치겠다고 할까 봐 걱정이 앞섰기 때문이었다.

제갈량의 의도는 전과 같았다. 먼저 격장지계로 관우의 성질을 건드리고 어려운 문제를 던진 다음, 관우가 곤경에 빠지면 굴복시킬 생각이었다.

그런 제갈량을 보며 유비는 더 큰 의문을 품었다. 어째서 제갈량은 한사코 관우와 맞서려는 걸까? 유비는 이런 식으로 군사를 부린 적이 없다. 그렇게 해서 이긴 적도 없다. 그러나 제갈량은 유비 진영에 합류한 뒤, 연달아 세 번의 화공으로 수렁에 빠졌던 유비를 건져내고 천하에 기세를 떨치게 했다. 여기까지 생각하니 하고 싶은 말이 차마 입 밖으로 나오지 않았다. 하지만 제갈량과 관우의 갈등을 계속 지켜보기가 거북했다.

제갈량은 관우의 실패를 확신했다. 장사는 군사 5백만 대동한 관우가 속수무책일 수밖에 없는 지역이었다. 게다가 적을 우습게 보는 관우가 고강한 무예를 지닌 황충과 맞붙는다면 승부를 예상하기 어려웠다. 그럼에도 혹시 관우가 잘못된다면 유비가 자신을 탓할 것이 걱정돼 다급히 말을 덧붙였다.

"운장이 실수할까 두렵습니다. 주공께서 대군을 이끌고 지원하여 장사를 취하십시오."

유비는 그 말을 기다리던 참이었다. 그리하여 관우와 유비는 병마를 정비해 장사로 떠났다.

장사에 이른 관우는 황충과 한참을 겨뤘으나 승부를 내지 못했다. 이튿날, 관우와 황충은 다시 치열한 싸움을 이어갔다. 한

참 싸우던 중 관우에게 운이 따랐다. 말이 앞발을 헛딛으며 황충이 바닥으로 굴러떨어진 것이다. 관우의 평소 성미로 볼 때 깊이 고민할 것도 없이 청룡언월도를 휘둘러 황충의 목을 자르고 장사를 취해야 했다. 그런데 이상하게도 관우는 황충을 죽이지 않고 말을 바꿔 타고 와서 다시 싸우자고 했다.

어째서 관우는 황충을 죽여 손쉽게 장사를 함락할 절호의 기회를 걷어찼을까?

사실 황충을 구한 은인은 관우가 아니라 제갈량이다.

제갈량이 격장지계로 관우를 흔들지 않았다면 황충은 이미 저세상 사람이 되었을 것이다. 관우는 승부욕이 매우 강했다. 만약 황충의 말이 앞발을 헛디딘 우연으로 승리를 거두면 제갈량은 관우가 요행으로 이긴 것이지 실력으로 이긴 것이 아니라고 할 게 뻔했다. 제갈량의 말문을 막으려면 반드시 정정당당하게 제 실력으로 황충을 쓰러뜨려야 했다.

셋째 날, 황충은 결초보은의 마음으로 관우 투구의 붉은 술만 맞췄다. 그런데 관우와 황충이 서로를 죽이지 않는 모습에 장사 태수 한현은 의심이 품었다. 그는 황충의 내통을 의심하며 죽이려 했다. 이에 장수 위연魏延이 화를 못 참고 한현을 죽이고 황충을 구한 다음 관우에게 장사를 바쳤다.

관우로서는 천우신조였다. 제갈량은 관우가 곤란해지기만

기다렸는데 이런저런 기연이 얽힌 덕분에 교도수 5백만 거느린 관우가 장사를 함락시켜 버렸다. 이제 곤란해진 사람은 제갈량이었다. 관우가 손쉽게 장사를 함락한 건 분명 큰 공이다. 이제 더 이상 관우를 어떻게 할 명분이 없었다.

제갈량은 의기양양한 관우를 보고 치미는 분을 삭였다. 그러다 문득 장사 함락의 공로자인 척 득의에 차 서 있는 위연이 눈에 들어왔다. 제갈량의 눈에 불꽃이 튀었다. 위연이 끼어들지만 않았어도 자기가 우스운 꼴이 될 리는 없었다.

제갈량이 버럭 소리쳤다.

"여봐라! 주인을 배반하고 도의를 저버린 위연을 당장 끌어내 참하라!"

그 말에 모두 어리둥절해졌다.

'불만'이라는 감정은 종종 상하관계의 질서에 따라 위에서 아래로 전해진다. 그래서 가장 밑에 자리한 사람이 최종 희생양이 된다. 이 순간 제갈량은 자신이 어찌할 수 없는 관우 대신 위연을 희생양으로 삼아 분풀이하려 했다. 유비는 제갈량이 또다시 권력을 남용하는 것에 더는 참을 수 없어 막아섰다.

"군사, 위연은 성을 바친 공이 있는데 어찌 죽이려 하시오?"

화용도 사건을 처리할 때 유비는 제갈량의 체면을 충분히 세워줬다. 관우가 군령을 어겼기 때문이다. 그러나 이번에 제갈량은 무고한 이를 함부로 죽이려 했다. 유비는 위연을 구하려는 것이 아니라 제갈량의 이해할 수 없는 행동의 까닭을 물은 것이다.

출사한 뒤로 순풍에 돛 단 듯 성공 가도를 달린 제갈량은 기고만장했다. 유비의 총애와 자신의 공적을 믿고 한껏 거만해진 제갈량은 지적 우월감을 유감없이 발휘했다. 그런데 유비에게 말문이 막힐 줄이야.

제갈량은 다급히 기지를 발휘했다.

"그는 녹을 먹으면서 그 주인을 죽인 것은 불충이요, 그 땅에 거하면서 그 땅을 바친 것은 불의입니다. 위연은 불충불의한 자이므로 죽이려 합니다!"

제갈량이 내놓은 이유는 이치에 맞지 않았다.

얼마 전 장비가 무릉을 취했을 때는 그러지 않았다. 무릉에 사는 공지鞏志가 무릉 태수 금선金旋을 죽이고 성지를 바쳤을 때 유비는 공지를 무릉 태수에 임명한 바 있다. 그 당시 제갈량은 반대하지 않았다. 공지의 행동이 위연의 행동과 다를 바 없는데 왜 지금은 기준이 180도 바뀌었을까?

유비는 속으로 생각했다.

'이는 안 된다. 만약 군사의 말대로 투항하는 자들을 모두 죽인다면 앞으로 누가 나에게 투항하겠는가?'

유비가 낯빛을 확 바꾸자 제 말의 논리적 허점을 깨달은 제갈량이 급히 덧붙였다.

"제가 보니 위연의 뒤통수에 반골이 있어 훗날 반드시 배반할 상입니다. 지금 참하여 화근을 없애야 합니다!"

자신을 변호하려고 꺼낸 이 말은 더 허무맹랑했다. 제갈량은 위연이 훗날 반드시 배반할 것이므로 지금 죽이는 게 낫다고 했다. 그의 논리대로라면 사람은 언젠가 반드시 죽을 테니 지금 바로 죽는 게 낫지 않겠는가?

당황한 나머지 그의 일생 중 가장 황당무계한 말을 내뱉은 것이다. 유비는 제갈량을 더 몰아세우지 않고 말투를 바꿨다.

"군사, 만약 위연을 죽이면 이후 투항하려는 자들이 스스로 위태롭다 여길 것입니다. 군사께서 너그러이 용서해 주시지요."

쥐구멍을 찾던 제갈량은 유비가 출구 전략을 마련해 주자 냉큼 받아들였다. 그러면서도 제 체면을 지키기 위해 한마디 덧붙였다.

"내 오늘 그대의 목숨을 살려줄 테니 충심을 다해 주군께 보답하시오. 만약 다른 마음을 품으면 내 어떻게든 그대의 목을 취할 것이오!"

위연은 알겠다고 답하면서도 도대체 자신이 무엇을 잘못했는지 알 수 없어 몹시 억울해했다.

장사에서 벌어진 이 사건은 제갈량이 초기에 저지른 큰 실책으로 여러 문제를 불러왔다.

관우가 제일 큰 문제였다. 싸늘한 눈으로 상황을 지켜보던 관우는 사실 제갈량이 노린 사람은 위연이 아니라 자신임을 알고 분개했다. 이로써 제갈량과 관우의 관계는 돌아올 수 없는 강을 건너게 되었다.

다음은 위연이었다. 제갈량은 이후로도 쭉 위연을 미워하고 결코 호의를 베풀지 않았다. 울분이 쌓인 위연은 결국 배반의 길을 걷고 만다.

마지막으로는 유비다. 제갈량의 지나친 과시욕과 통제욕은 결국 유비의 우려를 불러일으켰고 공고한 관계에 균열이 생기기 시작했다. 이는 어떻게 보나 좋지 않은 조짐이었다.

◈ 시련을 기회로 바꾸는 역경 극복 처세술

권력은 저항을 맞닥뜨리기 전까지 결코 침략의 걸음을 멈추지 않는다. 역사적 인물 중 권력을 쥔 자가 스스로 내려놓는 법을 보지 못했다. 그 권력이 주는 맛에 취해 힘을 과시하고 자기 강함을 외부로 드러내고자 애쓴다. 그 결과는 파멸이다.

누군가의 계략에 의해
일이 성사될 수 있다

형양을 차지한 유비는 생애 가장 즐거운 시절을 맞이한다. 그러나 유비의 삶은 늘 호사다마에서 벗어나질 못했다.

이 시기에 공자 유기가 갑자기 죽은 것이다. 본래 그의 죽음은 큰일 축에도 끼지 못하겠지만 제갈량이 노숙에게 형주의 귀속 기한을 유기가 살아있는 동안으로 못 박은 것이 문제였다. 유기가 죽자 노숙은 약속대로 형주를 받으러 찾아왔다.

노숙은 단도직입적으로 형주 반환을 요구했다. 아무리 말주변이 좋은 유비라도 인덕과 신의로 살아왔으니 거절하기 어려웠다. 유비는 이 문제를 제갈량에게 떠넘겼다.

제갈량은 갑자기 얼굴빛을 바꾸며 노숙에게 호통쳤다.

"자경, 어찌 이리 사리에 어둡소! 모름지기 '천하는 한 사람의 천하가 아니라 천하 사람의 천하'임을 알아야 하오. 우리 주공 유황숙은 한실의 후예이자 유경승의 아우요. 아우가 형의 업을 잇는 것이 안 될 게 무어요? 그대의 주공은 전당^{錢塘} 하급 관리의 아들로 강동에 들어앉아 욕심이 끝이 없어 한나라의 9군까지 차지하려 하는구려. 이 유씨의 천하에서 우리 주공은 유씨인데도 어찌 가진 몫이 없단 말이오? 적벽에서 조조를 무찌른 것은 동오만의 힘이 아니오. 내가 동풍을 빌리지 않았다면 강남은 조조에게 무너져 이교二喬(손책의 아내 대교와 주유의 아내 소교)는 역적 조조에게 잡혀갔을 것이고 자경 그대의 가족도 무사하지 못했을 것이오. 그대가 고금에 해박하고 시비를 밝게 가리는 줄 알았거늘 내가 일일이 말해줘야만 안단 말이오!"

얼토당토않은 억지에 노숙은 순간 할 말을 잃었다. 이 말을 일전에 형주 귀속 문제를 논의하러 왔을 때 들었다면 지금의 논쟁도 없었을 것이다. 그런데 이제 와 제갈량은 유창한 말솜씨로 공연히 생트집을 잡았다. 옆에서 듣고 있던 유비도 탄식했다. 이런 식으로 형주를 차지했다는 소문이 퍼지면 꼼짝없이 '무뢰한'으로 낙인찍힐 터였다.

노숙이 한참 생각하더니 말했다.

"유황숙께서 당양에서 패하셨을 때, 이 노숙이 제갈량 선생을 모시고 강을 건너 오후吳侯(손권)를 뵈러 갔습니다. 또 주공근이 군사를 내서 형주를 칠 때, 이 노숙이 나서서 양쪽의 화목을 해치지 말라 권했습니다. 후에 황숙께서 유기 공자가 세상을 뜨면 형주를 돌려주겠다고 약속하실 때도 이 노숙이 옆에 있었습니다. 그런데 이제 와서 황숙께서 약속을 저버리니 저는 동오로 돌아가면 죽음을 면치 못할 것입니다. 그리고 현덕공께서는 세상의 웃음거리가 되시겠지요. 황숙께서는 다시 한번 재고해 보시지요."

노숙은 말재간이 제갈량의 발끝에도 미치지 못함을 알기에 명성에 목숨 거는 유비를 물고 늘어졌다. 제갈량이 아무리 억지를 부려도 유비가 식언한 사실은 부인할 수 없었다.

유비는 어쩔 줄 몰라 했고 이를 지켜보던 제갈량은 새로운 꾀를 냈다.

"자경, 그대를 곤란하게 할 뜻은 없소. 이렇게 합시다. 내가 우리 주공께서 증서를 쓰게 하겠습니다. 잠시 몸 둘 곳으로 형주를 빌리고 후에 황숙께서 다른 성지를 공략하면 형주를 동오에게 돌려주는 것으로 말입니다."

물에 빠진 사람에게 구명줄을 던져줬으니 노숙으로서는 아니 잡을 이유가 없었다. 그러나 이미 제갈량에게 속은 적이 있는 탓에 이번에는 신중하게 물었다.

"그럼 어느 성지를 공략하고 형주를 돌려주신다는 말씀입니까?"

제갈량이 대꾸했다.

"중원은 급하게 도모할 수 없습니다. 서천의 유장이 나약하고 무능하니 우리 주공께서 도모할 뜻이 있습니다. 서천을 얻으면 형주를 돌려주겠습니다."

제갈량이 거짓을 말한 건 아니다. 융중에 있을 당시 유비에게 들려준 대계의 일부였기 때문이다. 유비는 도덕에 얽매여 같은 핏줄인 유표의 형주조차 빼앗지 못한 인물이다. 그런데 서천의 유장도 유비와 같은 핏줄이다. 유비가 서천을 도모할 뜻이 있다는 건 인의도덕에 어긋나는 일이었다.

실수는 만회하려 하면 할수록 더 깊은 수렁에 빠진다. 어디 그뿐인가? 유비에게 형주를 빌린다는 증서를 쓰게 하는 것 역시 중대한 실책이다. 형주가 누구 것인지는 아직 정해진 바가 없으므로 유비가 차지하면 그것으로 끝이었다. 그런데 증서를 쓰고 제 이름까지 적으면 형주가 동오의 것임을 공개적으로 인정하는 셈이 아닌가? 물론 제갈량은 형주를 돌려줄 생각이 전혀 없었지만 도리상 스스로 무덤을 파는 꼴이 되고 말았다.

노숙은 유비가 증서를 써주겠다고 하니 반대할 이유가 없었다. 유비는 원치 않았으나 상황이 이 지경에 이르자 울며 겨자

먹기로 따를 수밖에 없었다. 노숙은 증서를 가지고 주유를 만나러 갔다가 호된 질책을 받았다.

"이 증서에는 기한이 없으니 실로 아무 의미가 없습니다. 자경, 또 제갈량의 꾀에 당하셨소! 오후께서 진노하시어 죄를 물으면 어찌하시려오?"

주유가 괜히 노숙을 겁주는 게 아니었다. 손권은 홧김에 노숙을 죽일 수도 있는 사람이었다. 조조를 물리치는 데 가장 큰 힘을 쓴 곳은 동오였다. 그러나 죽 쒀서 개 주는 꼴로 동오는 자신을 지킨 것이 다였고 좋은 것은 다 유비가 차지했다. 그 원인을 따져보면 노숙이 손권에게 제갈량을 천거한 데 있었다. 따라서 모든 일의 시작인 노숙은 책임을 피할 수 없었다.

노숙은 화가 나면서도 두려워 손발이 차갑게 식었다. 다행히 주유는 그와 생사를 함께한 사이였기에 위기에 빠진 그를 외면하지 않았다.

얼마 지나지 않아 유비에게 또다시 '마魔'가 닥쳤다. 그의 본부인 감씨가 세상을 떠난 것이다. 얼마 전에는 또 다른 부인 미씨가 당양에서 참패했을 때 목숨을 잃었다. 나이 오십에 유비는 다시 혼자의 몸이 되었다.

유비에게는 슬픈 소식이었으나 주유에게는 희소식이었다. 주유는 곧 묘책을 냈다. 주유는 손권의 누이를 '미끼'로 쓸 생각이었다. 혼인을 맺자며 유비를 동오로 불러와 인질로 잡은 뒤 그를 형주와 맞바꿀 셈이었다. 어째서 주유는 손권의 누이를 미끼로 삼았을까?

당시의 혼인은 엇비슷한 가문의 결합이었다. 유비는 고위 지방관이었으니 손권의 누이쯤은 돼야 배필로 격이 맞았다.

손권은 주유의 계책에 동의해 여범呂範을 보내 중매를 서게 했다. 유비에게는 그야말로 하늘에서 복이 내린 셈이었다. 이 '굴러온 복'이 놀랍지는 않았으나 유비는 곧바로 거절했다.

유비는 왜 그랬을까?

'과잉정당화 효과' 탓이다. 제갈량의 부적절한 발언 때문에 유비가 형주를 차지한 것은 불명예스러운 짓이 되어버렸다. 성실한 노숙이 제갈량에게 놀아나는 모습을 여러 번 본 유비는 동오에 미안했다. 그런데 동오는 그 일을 따지기는커녕 군주郡主를 자신의 후처로 보내겠다고 하니 합리적으로 받아들일 수 없었다. 그러나 여범은 단 한 마디로 유비의 마음을 움직였다.

"양가가 혼인으로 돈독한 관계를 맺으면 역적 조조가 감히 동남을 똑바로 보지 못할 것입니다. 집안과 나라에 모두 좋은 일인데 아니 할 까닭이 있습니까?"

여범의 말뜻을 정리하자면 "유비가 새장가를 드는 것은 유비 자신을 위한 일이 아니라 조조를 막는 일이다. 유비와 손권이 처남과 매부 사이가 되어 화목하게 협력한다면 조조도 감히 강남을 노리지 못할 것이다."라는 의미였다.

조조가 비록 적벽에서 패했으나 여전히 강대하고, 호시탐탐 강남을 노리고 있음을 유비도 잘 알았다. 그런데 조조와 손권을 모두 적으로 돌려 앞뒤에서 적을 맞는다면 앞날은 풍전등화가 될 것이다.

이때 손권과 인척이 되어 함께 조조에 맞선다면 형주도 안심하고 '빌릴' 수 있게 되니 금상첨화가 아닐 수 없었다.

그렇게 생각하자 무조건 거절할 일만도 아니었다. 물론 함정일 가능성도 염두에 두었지만 친누이의 혼사를 가지고 일을 벌일 것 같지는 않았다.

유비는 동오의 성의를 받아들이기로 했다.

유비의 동의를 얻었으나 여범에겐 마지막 난제가 남았다. 어떻게 유비를 동오로 데려갈까? 당시 풍습으로는 여성이 남성의 집으로 가 혼례를 치러야 했다. 이에 여범은 고민하다 말을 꺼냈다.

"오국태吳國太께서 막내딸을 몹시 총애하여 헤어지기를 아쉬워하시니 황숙께서 강동으로 오셔서 혼례를 치르시지요."

유비는 좋아하는 감정이 아니라 정치적 이익을 위해 혼사에 동의했다. 한 번의 수고로 형주 귀속 문제를 해결할 수 있고 조

조에게 대항하는 강력한 동맹군을 얻을 수 있다면 호랑이굴이
라도 들어가야 했다. 게다가 제갈량까지 나서서 운수대통의 점
괘를 뽑아주었다.

일을 추진하는 힘은 신념에서 나온다. 유비는 미래에 대한
믿음과 제갈량이 준 묘책에 대한 믿음으로 동오로 향하는 배에
몸을 싣는다.

◈ 시련을 기회로 바꾸는 역경 극복 처세술

이익은 두려움을 없앤다. 이는 온갖 범죄의 근원이다. 자기에게
이익이 따르는 순간 사람이나 물건, 지위나 권력은 그 대상이 된다.
눈에 뵈는 게 없는 사람이 되어 덤빈다. 그러기에 흉악한 범죄가 발
생하고 인간의 도리에 어긋나는 일이 자행된다. 두려움이 없는 자가
가장 무서운 사람이다.

온유함은
가장 날카로운 칼이다

.

　유비의 안전을 위해 제갈량은 꼼꼼하게 준비했다. 먼저 지혜와 용맹을 겸비하고 세심한 조운에게 '비단 주머니' 세 개를 주며 말했다.

　"그대는 무엇도 알 필요가 없소. 그저 때가 되면 비단 주머니를 열어 그대로 따르면 됩니다."

　강동에 도착한 조운은 첫 번째 비단 주머니를 열어 보고 거기 적힌 대로 유비가 동오에 장가든다는 소문을 퍼뜨렸다. 유명인의 소문에 민감한 심리를 이용한 '바이럴 마케팅viral marketing'이다. 아니나 다를까, 곳곳에 유비가 동오에 장가든다는 소문이 퍼졌다. 손권과 주유가 은밀하게 일을 꾸몄는데 소문이 퍼지는 바람에 공개적인 '사실'이 되어버렸다. 사회적 여론의 압박이 유비의 첫 번째 보호막이 되었다.

이 이야기를 전해 들은 손권의 어머니 오국태는 손권이 누이의 혼인을 계책에 이용한 데 분개해 호되게 질책했다. 그러나 오국태는 유비를 직접 만나고 위엄 있는 모습과 비범한 기개에 만족해 유비를 사위로 인정했다. 그렇게 유비는 두 번째 보호막을 얻었다.

유비는 이제 당장 죽을 걱정은 덜었다. 그러나 손권과 주유는 실패를 받아들일 수 없어서 새로운 꾀를 냈다. 손권은 이미 제 여동생과 혼례를 올린 유비에게 호의를 베푸는 척 금과 비단, 진귀한 물건을 가득 보냈다. 놀랍게도 이 계책이 제대로 통했다.

유비는 어려서부터 빈곤한 삶을 살았다. 거병한 뒤로는 숨 돌릴 새 없이 천하를 누비며 살기 위해 발버둥 치느라 안락한 생활을 한 적이 거의 없었다. 본래 빈곤한 삶 뒤에 찾아온 향락을 떨치기란 무척 힘든 법이다. 정치적 이익을 위해 혼인한 사이였으나 유비와 손권의 누이는 사이도 무척 좋았다. 게다가 손권이 일부러 호화롭고 사치스러운 분위기를 조성하니 유비는 그 안락함에 깊이 빠져들고 말았다. 지혜로운 제갈량도 이런 상황은 예상하지 못했다.

인생은 뜻을 이루었을 때 마음껏 즐거야 한다고 하지만 유비는 뜻을 이루기도 전에 신분을 잊고 한바탕 환락을 탐하고 있었다. 이 시기는 고난으로 가득한 유비의 삶에서 흔치 않은 '휴식기'였다. 그러니 인간적 차원에서 유비를 비난하면 안 된다. 그러나 유비가 투쟁가이자 정치가라는 점을 고려하면 이 안락함에 빠져서는 안 됐다.

충성스러운 조운은 가슴이 바짝 타들어 갔으나 도통 유비를 만날 수 없었다. 세월은 살처럼 빠르게 흘러 어느덧 연말이 되었다. 조운은 두 번째 비단 주머니를 열었다. 거기 적힌 대로 다급히 유비를 찾아가 조조의 대군이 형주로 쳐들어온다고 거짓을 고했다.

유비에게는 가장 효과적인 해독약이었다. 조조가 쳐들어온다는 말에 유비는 단번에 몽롱한 꿈에서 깨어났다. 그제야 자신이 아직 꿈을 이루지 못했음을 떠올리고 서둘러 형주로 돌아가려 했다. 그러나 그는 혼자가 아니었다. 손부인과 감정이 깊어진 유비는 그녀를 두고 발걸음이 떨어지지 않았다. 늙은 남편이 어린 아내를 맞았을 때 흔히 보이는 반응이다. 유비는 손부인을 두고 조운과 몰래 형주로 돌아가고 싶지 않았다. 그렇다고 손부인을 설득해 함께 도망치는 것 또한 쉽지 않았다.

손부인은 혼인 뒤에 숨은 정치적 흑막이 있음을 몰랐다. 유비가 손부인에게 따르라 하면 그녀는 필시 모친와 오라비에게 작별을 고할 것이다. 그러면 몰래 도망치려는 계획이 다 들통 날 수밖에 없었다.

'어떻게 해야 손부인과 함께 들키지 않고 도망칠 수 있을까?'

일단 주의를 끌려면 감정을 내보여야 했다. 유비는 '눈물' 작전을 썼다. 일부러 손부인 앞에서 눈물을 흘리며 주의를 끌자 손부인이 물었다.

"낭군께서는 어째서 번뇌하십니까?"

유비가 말했다.

"내 평생을 떠도느라 살아서 부모님을 모시지 못했으니 참으로 대역불효요. 새해가 다가오는데 조상님께 제사를 지내지 못하니 괴로운 마음을 가눌 길 없어 눈물이 나오."

유비는 강남의 풍속대로 제사를 지내러 강가에 가자고 손부인을 속여 형주로 도망칠 셈이었다. 그런데 손부인은 이미 조운과 유비가 나눈 대화를 들은 상태였다. 도도하고 직설적인 손부인이 말했다.

"저를 속이지 마십시오. 이미 다 들었습니다. 방금 조자룡이 형주가 위급하니 어서 돌아가자고 하지 않았습니까?"

그 말에 유비는 한시름 덜었다. 손부인이 위급한 상황을 안다면 설득하기 쉬울 터였다.

유비는 곧장 잘못을 인정하고 사정했다.

"부인이 아시는데 내 어찌 감히 속이겠소? 지금 형주가 위급하다 하오. 만약 내가 돌아가지 않아 형주를 잃는다면 천하 사람들의 비웃음을 사지 않겠소? 그런데 돌아가자니 부인과 헤어지는 게 너무 아쉽소. 그래서 이리 번뇌하는 것이라오."

유비의 말은 '형주로 돌아가는 것은 부인과 헤어짐을 뜻한다. 손부인은 곱게 자란 공주님이라 세상일을 마음대로 할 수 있고 어떤 규칙도 자신을 옭아맬 수 없다.'라는 의미였다.

그 말뜻을 알아들은 손부인은 곧 '역반응 심리^{resistance} ^{mentality}'가 들었다. 게다가 한창 유비와 달콤한 신혼을 보내고 있었기에 헤어지기 싫은 것은 마찬가지였다.

"제가 이미 당신께 시집을 왔으니 당신이 가는 곳에 저도 따라가야지요."

유비가 기뻐하며 말을 이었다.

"부인의 마음을 내가 어찌 모르겠소. 나도 부인과 함께 가고 싶다오. 그런데 부인의 모친과 오라비가 보내주겠소? 부인이 나를 가엽게 여긴다면 일단 나를 보내주오. 그러면 내 전장에서 죽더라도 부인의 은덕을 영원히 기억할 것이오."

이 말은 '나와 함께 가려면 오국태와 손권의 동의를 얻어야만 한다. 그러나 이 두 사람은 당신이 직접 그들을 설득하지 않는

한 당신을 보내주지 않을 것이다.'라는 의미였다.

이번에도 손부인은 역반응 심리가 들었다.

"낭군께서는 번뇌하실 것 없습니다. 모친께서는 저를 총애하시니 당신을 따라 형주로 가는 것을 허락하실 겁니다."

흡족한 대답을 들은 유비는 한발 더 나아갔다.

"설령 모친께서 동의하더라도 부인의 오라비가 동의하지 않을 겁니다."

손부인은 오라비가 형주로 가는 것을 왜 허락하지 않는다는 것인지 이해할 수 없었다. 하지만 유비의 의도대로 이미 '역주행'을 시작한 그녀는 손권이 허락하지 않아도 기어코 형주로 갈 생각이었다.

손부인이 말했다.

"그게 무슨 큰일이겠습니까? 이제 곧 원단元旦입니다. 모친께만 원단에 강가로 제사를 지내러 간다고 아뢰고, 오라버니께는 알리지 않은 채 그 길로 형주로 가면 되지 않겠습니까?"

유비는 크게 기뻐했다. 이튿날, 유비는 손부인과 오국태를 찾아가 조상께 제사 지내러 간다고 아뢰었다. 그리고는 조운과 함께 형주로 내달렸다.

손권은 유비가 말도 없이 떠난 것을 알고 격노해 유비를 쫓게 했다. 이때 손부인이 유비의 세 번째 보호막이 되었다. 손부인은 자신의 지위를 이용해 추격병들을 모두 물리치고 유비가 무사히 형주로 돌아갈 수 있도록 보호해주었다.

손권과 주유의 계책은 또 실패했다. 주유는 화가 치밀어올라 화살에 당한 상처가 덧나면서 피를 토했고, 손권도 격노해 형주를 치려 했으나 조조의 남하가 두려워 어찌하지 못했다. 냉정을 되찾은 손권은 다시 노숙을 보내 형주 귀속 문제를 상의하게 했다.

유비가 무사히 형주 땅을 밟기 무섭게 노숙이 찾아왔다. 유비는 부인을 얻은 데다 땅까지 차지한 것이 미안해 노숙을 어찌 대해야 할지 혼란스러웠다.

이에 제갈량이 계책을 알려주었다.

"노숙이 형주의 일을 꺼내면 일단 대성통곡하십시오. 나머지는 제가 알아서 하겠습니다."

제갈량은 형주의 귀속 문제를 처리하는 데 실수를 연발했고 형편없는 꾀만 냈다. 그러나 아무리 형편없는 꾀라도 유비는 감당해야만 했다. 물론 이것을 모두 제갈량 탓으로만 돌릴 수도 없었다. 유비는 체면을 지키면서도 이익을 얻고자 했다. 자기 명성에 해가 가지 않으면서 형주를 차지할 방법을 원했다. 하지만 이는 결코 쉬운 일이 아니었다. 그런데 제갈량이 먼저 자신을 전지전능한 존재로 포장했으니 유비가 그에게 과도한 기대를 품는 것도 당연했다.

유비는 노숙을 보자마자 제갈량이 시킨 대로 눈물 콧물을 쏟아내며 통곡했다. 영문을 모르는 노숙은 당황했다. 제갈량은 적당한 때에 나오며 노숙에게 물었다.

"우리 주공이 우는 까닭을 아십니까?"

노숙이 멍하니 고개를 젓자 제갈량이 말했다.

"당초에 황숙께서 그대에게 서천을 취하면 형주를 돌려줄 것이라고 약속하셨는데, 자경도 알다시피 서천의 유장은 한실 골육으로 유비와 친척이잖소. 그런데 군사를 일으켜 서천을 취한다면 남들이 침을 뱉고 욕할까 두려운 것이오. 그렇다고 서천을 공략하지 않고 형주를 돌려준다면 작금의 형편상 어디다 몸을 두고 있겠소? 황숙은 형주를 돌려주고 싶어도 자신이 처한 상황 때문에 그리하지 못하고, 여러모로 난처해하며 번뇌가 심해 저토록 슬퍼하시는 것입니다."

제갈량은 지금까지 저지른 말실수로 유비가 겪은 곤란함을 잘 알기에 어떻게든 문제를 수습하려 했다. 그런데 이 말은 유비의 아픈 곳을 제대로 찔러버렸다. 지금까지는 가짜로 눈물을 짜내고 있었으나 진심으로 가슴이 찢어지듯 아팠다. 유비는 슬픔을 이기지 못하고 가슴을 치며 통곡했다.

노숙은 지금까지 본 적 없는 기이한 광경에 당황해하며 몸 둘 바를 몰랐다. 결국 이번에도 노숙은 제갈량의 언변에 넘어가 형주를 돌려받지 못했다.

유비는 그렇게 일시적인 평안은 얻었다. 하지만 그가 목숨 걸고 지키고 싶은 명성에는 금이 가고 말았다.

◈ 시련을 기회로 바꾸는 역경 극복 처세술

결핍은 유혹이고 풍족은 면역이다. 자신에게 무엇이 부족하다고 느끼면 돈이나 외모, 지식이나 권위, 명예까지 모두 채우려 한다. 유혹에 빠지듯 그 결핍을 채우기 위해 노력하게 된다. 반면 풍족하면 그 어느 것에도 유혹당하지 않으며 자기 길을 갈 수 있다. 결핍은 자기 의지에서 나온다.

장난질도
정도껏 해야 한다

　이후 주유는 계책을 써 형주를 공략하고자 했다. 하지만 제 갈량에게 간파당해 패배하고 만다. 이 일로 격분해 의식을 잃고 쓰러진 주유는 다시 일어나지 못하고 젊은 나이에 세상을 뜨고, 주유의 죽음으로 동오는 형주를 되찾을 힘을 잃는다. 제갈량은 주유를 문상하러 동오를 찾았다가 이곳에 머무는 방통을 만나 유비를 위해 힘을 보태러 오라고 했다. 동오에서 냉대받던 방통은 귀가 솔깃했다.

　방통은 제갈량과 함께 불세출의 기재로 평가받던 인물이었다. 방통은 제갈량이 승승장구하는 것을 보고 자신도 큰일을 하고 싶은 마음에 동오로 왔다. 그러나 노숙이 아무리 추천해도 방통의 기괴한 생김새와 경망스러운 성격을 혐오한 손권은 그를 중용하지 않았다. 그렇다고 조조에게 갈 수는 없는 상황에서 남은 선택지는 유비뿐이었다. 방통이 떠나기 전, 노숙은 추천장을 써주었다.

방통은 거물급 인사들(제갈량과 노숙)이 써준 추천장을 두 장이나 들고 있었으나 그것을 내보이기는 싫었다. 추천서 덕에 유비에게 중용된다면 웃음거리가 되지 않겠는가?

방통은 조용히 유비를 찾아갔다. 유비는 '방통'이라는 이름을 또렷이 기억하고 있었다. 지난날 수경선생 사마휘가 말하길 와룡과 봉추 중 하나만 얻어도 천하를 안정시킬 수 있다고 했다. 제갈량을 떠받들다시피 하는 유비가 와룡과 어깨를 나란히 하는 봉추를 냉대할 이유가 없었다. 그런데 유비는 스스로 찾아온 방통을 반기지 않고 오히려 냉랭하게 굴었다.

유비는 담담히 말했다.

"이제 형양이 얼추 안정되어 빈자리가 없소. 여기에서 동북쪽으로 130리 떨어진 뇌양현耒陽縣에 현령 자리가 비었으니 거기서 잠시 일을 보시오. 훗날 자리가 나면 그때 생각해 보겠소."

방통은 이루 말할 수 없이 실망했으나 가타부타 따지지 않고 뇌양현으로 떠났다.

지난날 현명한 인재를 갈망하던 명군은 어디로 갔는가!

유비는 왜 그랬을까?

이는 '수면자 효과sleeper effect'이다. 정보의 출처와 신빙성은 상관관계가 크다. 같은 정보라도 권위 있는 사람에게 나왔다면 신빙성이 커진다. 반대로 일반인에게 나온 정보라면 설득력이 약해진다.

그런데 시간이 흐르면서 정보의 출처와 정보 자체 사이의 관계에 대한 기억이 흐려지면 이 관계가 뒤바뀐다. 권위 있는 사람에게 나온 정보는 영향력이 줄어드는 반면, 일반인에게 나온 정보는 영향력이 커진다. 이를 '수면자 효과'라고 했다.

와룡과 봉추, 둘 중 하나만 얻어도 천하를 안정시킬 수 있다고 한 사람은 사마휘였다. 유비의 눈에 비친 사마휘는 재야의 고수로 그 영향력이 막강했다. 그러나 수면자 효과 탓에 그가 한 말의 설득력은 점점 약해졌다.

반면 일반인이 했던 말은 뇌리를 맴돌았다. 이 일반인은 사마휘의 장원에 사는 '목동'이다. 목동은 유비에게 방통과 사마휘가 호형호제할 정도로 가까운 사이라고 했다. 형제가 형제를 추천했으니 뭔가 구린 구석이 있음이 분명했다. 그로 인해 사마휘와 목동이 했던 말은 그 설득력이 뒤바뀌고 시너지 효과까지 더해져 방통을 과소평가하게 만들었다.

이것이 유비가 방통을 냉대한 주요 원인이다. 이밖에 다른 요인을 꼽자면 유비의 심적 변화를 들 수 있다. 유비는 적벽대전 이후 하늘이 자신을 선택했다고 생각했다. 이 믿음은 손권보다도 훨씬 강했다. 넓은 땅을 차지한 자신에게는 수많은 모사와 무장이 있었다. 대체인력이 차고도 넘치다 보니 유비도 오만해지기 시작했다. 이 와중에 방통이 눈에 들어왔을 리 없었다.

한마디로 방통은 때를 잘못 맞춰 온 것이다. 방통은 비참한 처지에서 역경의 소중함을 다시 한번 깨닫게 되었다. 유비는 늘 겸허하고 신중하고 인재를 후대한다는 이미지를 가지고 있었다. 그런데 겨우 이만한 성과에 취해 저속하게 변해버려 자신이 가장 업신여긴 원술과 다를 바 없는 짓을 하고 있었다.

만약 유비가 고귀한 출신이었거나 탄탄대로만 달려왔다면 진즉에 눈에 뵈는 게 없었을 것이다. 하지만 큰일을 이루려는 사람은 결코 기고만장해서는 안 된다. 한때 천하를 휘어잡았던 원술도 흙으로 돌아간 지 이미 오래였다. 원술은 유비에게 가장 설득력 있는 반면교사였다. 유비도 성인군자가 아니니 좀 거들먹거릴 수 있고 주색에 빠질 수도 있었다. 숱한 역경이 없었다면 유비는 지금 이 자리까지 오지도 못했을 것이다. 그런 의미에서 유비는 늘 자신을 따라다니며 작은 성취에 우쭐대지 않도록 해준 역경에 감사해야 했다.

만약 제갈량이 유비에게 조언했다면 방통이 이처럼 푸대접 당하지는 않았을 것이다. 그렇다면 제갈량은 도대체 어디에 간 것일까?

제갈량의 행방은 과히 수상했다. 동오 문상에서 돌아온 제갈량은 형양의 여러 군을 순찰하겠다고 가더니 돌아오지 않았다. 방통이 찾아올 시기를 피한 것이 분명했다. 모든 상황을 통제하던 지금까지의 행태로 추론하면 자기가 건넨 추천서로 방통이 유비의 신임을 얻도록 일부러 자리를 피한 것으로 보인다. 그러면 방통에게 은혜를 베푼 셈이 되므로 앞으로도 쭉 방통을 자신의 아래에 둘 수 있었기 때문이다.

그런데 제갈량은 방통이 이렇게 세게 나올 줄은 몰랐다. 추천서는 아예 꺼내지도 않았고 유비의 냉대에도 조롱과 멸시의 말을 꺼내지 않았다. 방통은 곧장 뇌양현으로 향했다.

사실 방통은 노기를 꾹꾹 누르고 있었다. 현령으로 부임한 방통은 일부러 현의 일을 돌보지 않고 온종일 술독에 빠져 지냈다. 이 소식은 이내 유비의 귀에 들어갔다. 유비는 크게 노해 곧장 장비와 손건을 뇌양현으로 보내 사실을 확인한 뒤 그 자리에서 처벌하라고 명했다.

장비와 손건이 뇌양현에 와보니 과연 방통은 숙취에 시달려 일어나지도 못하고 있었다. 장비는 머리끝까지 화가 치밀어 당장 방통을 대청으로 데려오라고 명했다. 방통은 졸음이 채 가시지 않은 눈으로 의관도 바로 하지 않고 나타났다.

화가 난 장비가 소리쳤다.

"우리 형님께서 너를 현령으로 보냈는데 너는 어찌 감히 현의 일을 폐하고 술만 마셨느냐!"

방통이 웃으며 말했다.

"장군께서는 내가 현의 무슨 일을 폐했다는 것이오?"

"너는 부임한 지 여러 날이 되도록 하루도 공무를 처리하지 않았다. 그러면서 감히 무슨 일을 폐했냐고 되묻는 것이냐!"

방통이 비웃음을 날렸다.

"백 리의 작은 현에 무슨 큰일이 있겠습니까? 내 지금부터 일을 처리할 터이니 장군께서는 잠시 앉아 계시지요."

그러고는 관리에게 지금까지 쌓인 일을 모두 보고하게 한다. 방통이 손으로는 비판하고 입으로는 처리하며 귀로는 듣는데 옳고 그름이 분명하고 터럭만큼의 어긋남도 없으니 백성들이 모두 머리를 조아리고 절을 올렸다. 이 모습을 지켜보던 장비와 손건의 입이 딱 벌어졌다. 방통이 모든 일을 처리하고 붓을 내던지더니 장비에게 말했다.

"폐한 일이 어디 있습니까? 조조와 손권조차 손금 보듯 훤히 아는데 이런 작은 현이야 신경 쓸 만한 것이 있겠습니까?"

그제야 방통의 재주를 알아본 장비는 유비가 인재를 알아보지 못하고 푸대접했음을 깨달았다.

"선생께서는 큰 재주를 지니셨는데 제가 태산을 몰라뵈었습니다!"

방통은 곧바로 노숙의 추천서를 내놓았다. 장비가 더욱 부끄러워하며 추천서를 가지고 급히 유비에게 보고하러 갔다. 유비가 장비의 말을 듣고 노숙의 추천서를 꺼내 읽었다.

방사원龐士元은 백리지재百里之才(백 리쯤 되는 작은 땅을 다스릴 만한 재주)가 아니니 치중治中, 별가別駕의 임무를 맡겨야 그 뛰어난 재주를 펼칠 수 있을 것입니다. 생김새만 보시고 그 배움을 저버려 결국 다른 사람이 쓰게 한다면 실로 안타까울 것입니다!

유비는 그제야 사마휘의 말을 떠올리고 몹시 후회했다.

"대현을 박대했으니 내 잘못이다!"

바로 그때 제갈량이 돌아왔다. 놀랍게도 그가 꺼낸 첫마디는 이러했다.

"방 군사께서는 잘 지내고 있습니까?"

유비는 금세 제갈량의 속뜻을 알아챘다.

유비가 낯빛을 바꾸며 냉랭히 말했다.

"내가 뇌양 현령으로 보냈는데 온종일 술독에 빠져 살며 정사를 돌보지 않았소."

제갈량이 하하 웃으며 말했다.

"방사원은 백리지재가 아닙니다. 그가 품은 학문이 저보다 못하지 않아 추천서까지 써준 바 있습니다. 그가 주공께 보이지 않던가요?"

제갈량은 유비가 자신이 써준 추천서를 보면 저에게 했듯 방통도 군사로 임명하리라고 예상했다. 그 말에 유비는 더 불쾌해졌다. 눈이 있되 대현을 알아보지 못하고 푸대접한 자신의 어리석음을 탓하고 있는데 제갈량이 말을 보태니 그에게 책임을 전가하고 싶었다.

제갈량은 동오에서 문상하고 돌아와 방통의 일을 유비에게 고했어야 옳았다. 그러면 방통이 왔을 때 작은 현의 현령으로 보내는 어리석은 짓을 벌이지는 않았을 것이다.

유비는 그동안 제갈량이 비범한 지력으로 관우와 노숙을 여러 번 농락할 때도 거슬렸지만 크게 신경 쓰지 않았다. 그런데 이번에는 장난질이 지나쳐도 한참 지나쳤다. 제갈량은 낡은 수법으로 방통을 농락하려다 뜻하지 않게 유비를 끌어들이고 말았다. 혼자서만 모든 상황을 파악한 채 남들은 아무것도 모르는 연극 무대 위의 어릿광대로 만들어버린 것이다.

유비는 제갈량이 불세출의 기재임을 모르지 않았다. 제갈량을 군사로 맞은 뒤 운이 상승세를 탔으며 날로 형세가 나아지고 있음을 어찌 모르겠는가. 그러나 제갈량의 지나친 통제욕과 과시욕을 더는 견딜 수 없었다.

지금까지 제갈량은 대체할 수 없는 인재였다. 그러나 이제 제갈량과 막상막하인 방통이 왔다. 그 재주까지 확실하게 증명했다. 이에 유비는 방통을 잘 이용해 제갈량을 견제하기로 결심했다.

유비는 곧바로 방통을 모셔와 부군사 중랑장으로 삼고 제갈량과 더불어 계책을 세우게 했다.

◈ 시련을 기회로 바꾸는 역경 극복 처세술

오만은 사람을 바로 보지 못하게 하는 바이러스다. 태도나 행동이 건방지거나 거만한 사람은 그 어떤 사람도 올바르게 볼 수 없다. 자신이 우위에 있고 더 나은 사람이라는 태도로 상대를 무시하기 때문이다. 이 오만은 스스로 자각하지 않고는 치유될 수 없다는 맹점이 있다.

큰 꿈을
이루다

5부

유비는 어릴 적부터
'깃털로 장식된 덮개가 있는 수레에 탈 거'라고 말했다.
깃털 덮개는 황제를 뜻하는 말인데
신분이 낮은 유비가 꿀 수 있는 꿈은 아니었다.
그럼에도 고난과 역경을 이겨내고 황제에 오른다.
그 영광의 순간을 함께하자.

반대로 하는 것도
모방이다

오만은 운을 막는다. 유비는 오만하게 굴다가 하마터면 '와룡, 봉추'를 얻지 못할 뻔했다. 그의 최대 맞수인 조조도 오만하게 굴다가 참담한 대가를 치렀다.

적벽에서 참패했지만 금세 원기를 회복한 조조는 서량의 마초까지 무찔렀다. 그러자 이기면 기고만장해지는 조조의 고질병이 또 도졌다. 서천西川의 장송張松이 천 리를 마다치 않고 찾아와 서천의 지도를 조조에게 바치려 했다.

그런데 하필이면 이때 조조의 '고질병'이 도졌다. 한껏 기고만장해진 조조는 못생긴 외견만 보고 그를 푸대접했다. 호의를 무시당한 장송은 자존심이 상해 불손한 말로 조조를 성나게 했다. 조조는 크게 노해 장송을 참수하려 했다. 다행히 양수가 사정해 목숨은 건졌지만 곤장형은 면치 못했다.

조조는 서천을 공략할 절호의 기회를 그렇게 잃었다. 장송은 분한 마음을 가눌 수 없어 조조에게 보복하고자 했다. 하지만 아무리 따져도 조조에게 직접 보복하기란 불가능했다. 그렇다면 그의 맞수를 통해 간접 보복할 수밖에 없었다.

조조의 맞설 사람은 유비와 손권뿐이었다. 장송은 두 사람 중 '인의군자'로 명성이 높은 유비가 적합하다는 판단을 내리고 형주로 향했다.

한편 형주를 차지한 제갈량은 서천을 노리고 있었다. 그는 장송이 조조에게 곤장을 맞고 형주로 오고 있다는 소식을 듣고 덫을 놓았다.

장송이 형주 경계에 이르렀을 때 조운에 이어 관우까지 나와 영접했다. 뒤이어 유비가 직접 제갈량과 방통을 데리고 나가 맞았다. 장송은 유비와 일면식도 없는 사이였기에 융숭한 대접을 받을 이유가 없었다. 평소였다면 과잉정당화 효과가 기민한 장송은 '속임수'를 간파할 수 있었을 것이다. 그러나 이때 장송의 심리는 확증 편향에 휘둘리고 있었다. 유비의 후대는 장송의 생각이 맞았다는 확증을 심어줬다. 그래서 지나치다고 생각하기는커녕 유비야말로 의탁할 주군이라고 확신하게 되었다.

유비는 제갈량이 언질을 준 대로 '서천'은 입에 올리지도 않았다. 계속 비위만 맞추며 장송을 기분 좋게 해줬다. 옆에서 제갈량과 방통은 아직 몸 둘 곳 없는 유비의 불공평한 처지를 하소연했다.

그렇게 사흘 동안 유비는 장송을 극진히 대접했다. 장송이 작별을 고하고 가려 하자 유비는 10리마다 세운 장정에서 연회를 마련하고 환송했다. 그때도 여전히 사천 이야기는 꺼내지 않았다.

유비는 바라는 바가 없음을 충분히 밝혔다. 그런데도 장송을 극진히 대접한 것은 조조의 푸대접과 크게 대조되었다. 장송은 세상 물정 모르는 백면서생이 아니었다. 조조가 의도치 않게 유비를 도운 셈이 되지 않았다면 사흘 동안 아무리 황송한 대접을 받아도 장송의 마음은 움직이지 않았을 것이다. 그냥 가기 미안해진 장송은 입이 근질근질했다.

유비가 때맞춰 말했다.

"사흘 동안 이야기를 나누며 많은 가르침을 얻었습니다. 오늘 이리 헤어진다면 언제나 다시 가르침을 받을 수 있을지 모르겠습니다."

말을 마친 유비는 눈물을 줄줄 흘렸다.

장송은 크게 감동했다.

'유비가 이토록 너그럽고 어질며 선비를 아끼는데, 이런 주인을 놓친다면 너무 아깝지 않은가!'

장송이 유비에게 말했다.

"저도 아침저녁으로 곁에서 황숙을 모시고 싶으나 어쩔 수 없음이 한입니다. 제가 보니 형주는 동으로 손권이 있고 북으로 조조가 있어 오래 머물 곳이 아닙니다. 하오나 익주(서천)는 기름지고 너른 들이 펼쳐져 있어 백성과 나라의 살림이 넉넉합니다. 또한 학식과 재주가 뛰어난 선비들이 오래전부터 황숙의 덕을 흠모해 왔습니다. 만약 형양의 무리를 일으켜 신속히 서쪽으로 몰아친다면 황숙은 패업을 이루고 한실을 부흥시킬 수 있을 것입니다."

유비가 황급히 고개를 저었다.

"제가 무슨 덕과 능력이 있습니까? 익주의 유장은 한실의 종친으로 은택을 베푼 지 오래인데 어찌 다른 사람이 흔들 수 있겠습니까?"

장송이 정색하고 말했다.

"저는 주인을 팔아 영예를 구하는 것이 아닙니다. 오늘 명공을 만났으니 솔직히 털어놓지 않을 수 없겠습니다. 유장이 익주 땅을 가지고 있는 것은 사실이나 어리석고 나약하며 현명한 자를 뽑고 유능한 자를 쓸 줄 모릅니다. 또 한중의 장로가 항상 넘

보니 인심이 흩어져 밝은 주인을 바라고 있습니다. 제가 이번에 길을 나선 것은 조조와 교분을 쌓고자 함이었습니다. 그러나 역적 조조가 오만하고 무례한 자인 줄 미처 몰랐습니다. 그래서 특별히 명공을 찾아온 것입니다. 명공께서 먼저 서천을 취해 기반으로 삼은 다음, 북쪽으로 한중을 도모해 중원을 수복한다면 한실을 바로잡아 역사에 이름을 남기실 겁니다. 명공께서 진실로 서천을 취할 뜻이 있으시다면 제가 견마지로를 다해 내응하겠습니다."

장송은 첫마디부터 '주인을 팔아 영예를 구하는 것이 아님'을 강조했다. 그러나 조조와 교분을 쌓든 유비에게 귀순하든 모두 주인을 팔아 영예를 구하는 행위였다. 그러니 이는 부정적인 영향을 불러올 진짜 의도를 감추기 위해 일단 부정하는 것이다. 우리 일상생활에서도 흔히 볼 수 있다. 예를 들어 "내가 오지랖을 부리려는 게 아니라….", "내가 겁주려는 게 아니라….", "내가 기분 나쁘게 하려는 게 아니라…."와 같은 말이 여기에 해당한다. 그러나 얼핏 부정하는 이런 말에 진짜 의도가 내포되어 있다. 이런 말을 들었다면 '아니라'를 빼고 들으면 상대방의 진짜 의도를 알 수 있다.

사람들이 이런 표현을 즐겨 쓰는 이유는 자신이 하려는 말이 상대방에게 부정적인 느낌과 영향을 줄 수 있음을 알기 때문이다. 유비는 장송의 노골적인 말을 듣고 있자니 불안해졌다.

"후의에 감사드리오나 유장과 저는 같은 한실 종친입니다. 그런데 제가 서천을 친다면 천하 사람들이 침을 뱉고 욕할까 봐 두렵습니다."

때로는 신념이 자신을 옭아매는 족쇄가 된다. 한실 종친이라는 신분이 또 그의 발목을 잡았다. 그러나 장송은 으레 하는 겸양의 말로 여기고 더 노골적으로 말을 이어갔다.

"대장부가 세상에 났으면 대업을 세우기 위해 애써야 합니다. 명공이 오늘 서천을 취하지 않아 다른 사람이 취하게 되면, 그때는 후회해도 늦습니다."

한마디로 더할 나위 없이 좋은 땅이고, 진심으로 내응하겠다는 사람이 있는데도 손을 쓰지 않는 것은 어리석은 짓이며 이 기회를 놓치면 후회막급일 것이라는 소리였다.

옆에 있던 제갈량과 방통은 속으로 장송을 응원했다. 진즉부터 하고 싶은 말이었는데 '제3자'인 장송이 말하는 편이 훨씬 효과적이었다. 유비도 마음이 흔들렸다.

"제가 듣자니 촉으로 가는 길은 험준하고 수레와 말이 나란히 갈 수 없다던데 그곳을 공략하려면 어떤 방법을 써야 하겠습니까?"

이 말만 들으면 유비가 장송의 제의를 받아들인 것 같다. 아니라면 서천을 공략하는 법을 물을 까닭이 없지 않은가? 그러나 장송, 제갈량, 방통은 모두 유비의 뜻을 오해했다.

유비는 자신의 원칙을 버릴 생각이 추호도 없었다. 유비의 말은 '물러섬을 위한 나아감'으로 '전치^{displacement}'라는 방어기제에서 비롯되었다. 전치는 더 깊이 받아들이는 듯한 방식으로 미묘하게 거절하는 심리적 방어기제다.

만약 유비가 계속 인의도덕을 이유로 장송의 제의를 거절한다면 어리석고 물색없어 보일 것이다. 유비는 자기 이미지를 지키기 위해 훨씬 더 센 화제로 말을 돌려 기존의 화제를 차단했다. 겉으로 보면 한발 더 나아간 것 같지만 실제로는 은근한 거절이었다. 이런 방어기제를 이해하지 못하는 사람은 종종 잘못된 판단을 내린다.

장송은 마음이 벅차올라 원래 조조에게 바치려던 지도를 내놓았다. 유비가 펼쳐보니 지리와 도정^{道程}, 멀고 가까움과 넓고 좁음, 산천의 험준하고 중요함, 문서와 물건을 쌓아둔 부고^{府庫}, 재물과 양식까지 모두 자세하게 밝혀 있었다. 이 지도가 있다고 단숨에 서천을 공략할 수 있는 것은 아니나 그 과정이 훨씬 쉬울 것은 자명했다.

장송을 박대해 이 귀한 보물을 잃은 것을 알면 조조는 땅을 치고 후회할 것이다.

장송은 유비가 자신의 제의에 동의한 줄 알고 말을 이었다.

"명공, 속히 군사를 움직이시지요. 서천에는 제게 마음을 터놓을 수 있는 법정法正과 맹달孟達이라는 지기 두 사람이 있습니다. 그 두 사람까지 함께 돕겠습니다!"

그러나 이미 '전치'를 선택한 유비는 다른 길을 걸을 수 없어 두루뭉술하게 대답했다.

"청산은 늙지 않고 녹수는 길게 흐릅니다. 후일에 일이 이루어지면 반드시 후하게 보답하겠습니다."

장송이 크게 기뻐하며 작별을 고하고 떠났다. 돌아가는 길에 그는 유비가 서천을 빨리 얻을 방법을 여러모로 생각했다. 한편 제갈량과 방통도 크게 기뻐했다. 그간 인의도덕에 얽매인 유비를 설득하느라 갖은 애를 썼는데 장송이 그 일을 해냈기 때문이다. 두 사람은 서천 공략 과정에서 제대로 활약하겠다고 단단히 별렀다.

서천으로 돌아간 장송은 유장을 흔들기 시작했다. 그는 한중의 장로를 치기 위해 유비를 서천으로 불러들이라고 설득했다. 유장의 수하 황권黃權과 유파劉巴는 장송의 음모를 간파하고 간언했으나 나약하고 어리석은 유장은 장송의 꾐에 넘어갔다. 장송은 법정을 사자로 보내 유비를 서천으로 맞으라고 건의했다.

법정은 장송과 한마음 한뜻이었다. 형주에 온 법정은 이 틈에 서천을 공략하라고 유비를 설득했다. 유비는 돌아가는 상황이 심상치 않자 명성에 금이 갈까 두려워 더는 '전치'를 쓰지 않고 대놓고 거절했다.

법정은 유비를 이해할 수 없었다. 제갈량은 연회가 끝나자 몸소 법정을 관역까지 배웅하면서 서천을 취할 방도를 상의했다. 유비가 오래도록 자리에서 떠나지 못하고 있자 방통이 말했다.

"결단해야 할 때 결단하지 못하는 이는 어리석은 사람입니다. 주공께서는 고명하신데 어찌 머뭇거리십니까?"

유비가 의미심장한 눈으로 방통에게 말했다.

"이제 나와 물과 불처럼 맞서는 자는 조조밖에 없소. 조조는 급하나 나는 느긋하고, 조조는 난폭하나 나는 인자하며, 조조는 기만하나 나는 충심을 다하오. 늘 조조와 반대로 하여 일을 이룰 수 있었소. 작은 이익 때문에 천하의 신의를 잃는다면, 나는 차마 그리할 수 없소!"

반대로 하는 것도 모방이다.

유비는 조조를 따라 해봐야 제2의 조조가 될 뿐임을 깨닫고 맞서기로 결심했다. 조조와 반대로 행동한 결과, 어질고 의로움의 대명사가 되었다. 여기에 한실 종친이라는 감투가 더해져 오늘날의 유비가 만들어졌다.

유비는 자신이 나라의 흥망성쇠를 책임져야 한다고 생각했기에 형주든 익주든 다 가지고 싶었다. 그래서 불세출의 기재인 방통이 인의도덕을 거스르지 않으면서 서천을 차지할 방법을 알려주길 바랐다. 이전에 제갈량에게도 분명히 말한 바 있으나 제갈량은 그의 마음을 헤아리지 못했다. 유비가 방통과 독대한 기회에 이런 말을 꺼낸 것도 다 의도가 있었다. 방통은 유비의 말을 듣고 자못 진지하게 생각했다. 방통은 유비의 속뜻을 이해했을까?

◈ 시련을 기회로 바꾸는 역경 극복 처세술

'물러섬으로 나아감'을 이해하는 사람은 드물다. 이 보 전진을 위한 일 보 후퇴는 어불성설일까? 아니다. 도약을 위한 발걸음이므로 후퇴는 옳은 방법이다. 이를 기꺼이 받아들이는 사람이 승리한다. 하는 일이 벽에 부딪혔다면 한 발 뒤로 물러나 보자. 더 멀리 볼 수 있다.

굳이 말하지 않아도
의중은 행동으로 보인다

　유비는 한실 종친 신분과 인의도덕에 얽매여 서천 공략을 거듭 거절했다. 명목상으로 법정은 '도움'을 요청하러 온 사자였다. 그가 말한 "서천을 돕는 것이지 뺏는 것이 아니다."라는 이유는 지난날 관우가 "한나라에 항복하되 조조에게 항복하지 않겠다."라고 말한 것처럼 효과적으로 유비 자신을 속아 넘겼다. 결국 서천을 돕는다는 명분으로 내면의 방어기제를 무너뜨린 유비는 군대를 정비해 서천으로 떠날 준비를 했다.

　우리는 행위를 기준으로 그 사람의 속내를 짐작한다. 제갈량과 법정은 물론이고 유비와 독대하여 간곡히 타이른 방통도 유비가 '서천을 빼앗는 청사진'에 마음이 바뀌었다고 생각했다. 제갈량은 융중에서 제시한 대계를 실현할 생각에 흥분을 감출 수 없었다. 그런데 이게 웬일인가. 유비가 뒤통수를 쳤다.

유비는 방통을 종군 군사로 삼고 제갈량에게 형주 수비를 맡겼다. 제갈량은 서천 공략을 주도할 군사는 자신뿐이라고 생각해 왔다. 그런데 와룡과 봉추를 모두 얻은 유비는 제갈량을 형주에 두고 방통에게 새 영토를 개척할 공을 넘겨줬다.

유비의 결정은 지극히 의도적이었다.

같은 힘이라도 공격과 수비의 결과는 완전히 다르다. 수성은 당연한 의무이므로 잘 지켜도 공로라 할 게 없었다. 공성은 무지와 위험이 넘치지만 일단 성공하면 천하에 이름을 떨칠 수 있었다. 이번 서천행은 '원조'라는 이름으로 출정하기에 유장은 무방비 상태일 것이다. 게다가 법정, 장송, 맹달 등 핵심 인사들이 내응하기로 했으니 성공할 확률이 매우 높았다. 일단 성공하면 방통의 업적(익주 공략)은 제갈량의 업적(형주 공략)과 대등해지고 두 사람의 명망도 비슷해진다. 유비는 방통에게 힘을 실어 제갈량을 견제할 생각이었다. 제갈량은 방통을 바둑알로 생각했는데 오히려 자신이 유비의 바둑알이 되고 말았다.

유비의 의도를 간파한 제갈량은 충격을 받았다. 사람은 늘 기본적 귀인 오류에 빠진다. 제갈량은 유비가 변했다고 생각했으나 사실 유비가 변한 것은 무절제하게 재주를 과시한 제갈량

때문이었다. 장수를 선택할 때도 의도가 다분했다. 유비는 관우, 장비, 조운을 형주에 두고 위연과 황충을 데려갔다.

　유비가 위연을 택한 것도 제갈량을 견제하기 위함이었다. 제갈량은 위연에게 심한 편견을 갖고 있었다. 유비가 위연을 데려가는 것은 제갈량에게 위연을 아낀다는 것을 보여주려는 의도였다. 이에 위연은 감격해 눈물을 흘렸고 조직은 '제갈량이 아무리 대단해도 권력을 쥔 자는 영원히 유비'라는 미묘한 신호를 주었다.

　유비가 황충을 택한 이유는 두 가지다. 하나는 그의 능력을 믿기 때문이다. 장사 전투에서 관우와 겨뤄 밀리지 않은 실력을 보여준 까닭이다. 다른 하나는 새로 영입한 인재로 구성된 조직을 만들기 위해서였다. 관우, 장비, 조운은 처음부터 유비와 함께한 장수들로 오랜 세월 유비를 따르며 많은 전공을 세웠다. 제갈량도 군사가 되자마자 세 차례 화공을 일으켜 유비가 형주를 차지하도록 도왔다. 그 공적이 대단했다. 반면에 방통, 위연, 황충은 조직에 합류한 지 얼마 안 돼 자리를 잡아야 하므로 공을 세우려는 의지가 누구보다 강했다.

　또한 관우를 형주에 남겨두는 것도 제갈량을 견제하기 위함이었다. 유비는 화용도 사건 이후 두 사람이 겉으로는 그럭저

럭 잘 지내는 척하지만 사실 서로를 못 잡아먹어 안달임을 알고 있었다. 관우가 있으면 제갈량도 제멋대로 굴 수는 없을 것이다. 물론 이것을 묘수로 볼 수는 없다. 휘하의 핵심 인물들이 서로 겨루게 두는 것은 일견 효과적인 견제법으로 보이지만 조직 전체를 위해서는 바람직하지 않기 때문이다.

제갈량은 극도로 실망했지만 유비가 방통, 위연, 황충을 데리고 법정의 수행 하에 3만 대군을 이끌고 서천으로 향하는 것을 지켜볼 수밖에 없었다.

반면 방통은 기쁨을 감출 수 없었다. 출발선에서 제갈량에게 뒤진 방통은 더 분발해서 쫓아가야 했다.

방통은 봉추가 와룡과 이름을 나란히 하는 것이 결코 우연이 아님을 증명하기 위해 어서 공을 세우고 싶었다. 그래서 틈만 나면 법정과 몰래 만나 유장이 무방비 상태일 때 신속히 익주를 공략할 방법을 상의했다.

장송은 서천으로 향하는 길에 법정에게 밀서를 전달해 부성涪城에서 만나는 때에 유장을 제거하자고 했다. 법정이 서둘러 방통을 찾아 이 일을 상의했다. 방통은 유비가 조조와 반대로 한 덕에 일을 이루었다고 했던 것이 떠올랐다.

"이 일은 지금 우리 주공께 알리면 안 됩니다. 두 사람이 만났을 때 기회를 보아 일을 도모하고 주공께 아뢰겠습니다."

유장과 유비는 부성에서 만나 형제의 정을 토로하며 즐겁게 이야기를 나누었다.

유장이 순진하게 웃으며 말했다.

"황권과 유파 같은 자들이 종형의 마음도 모르고 헛되이 시기하고 의심하였습니다. 오늘 이렇게 뵈니 종형은 참으로 어질고 의로운 사람이었소. 이렇게 종형이 도와주시는데 조조와 장로가 무서울 게 뭐가 있겠소."

이 말을 들은 사람들은 유장이 순진하고 철이 없다고 생각했다. 하지만 이는 유비에게 붙은 '인의'라는 라벨을 더 강화해 손발을 꽉 붙들어 맸다.

환영회가 끝나자 방통은 유비에게 계획을 털어놓았다.

"주공, 내일 잔치를 열어 유장을 부르십시오. 도부수 백 명을 숨겨두었다가 주공이 잔을 던지는 것을 신호로 유장을 죽인 다음, 성도로 한꺼번에 밀고 들어가시지요."

유비는 방통이 아직도 제 뜻을 헤아리지 못했음을 깨달았다. 유비는 자기를 '어질고 의로운 사람'이라고 하던 유장을 떠올리며 차갑게 내뱉었다.

"유장은 나와 같은 종실의 형제이고 진심으로 나를 대했소. 게다가 내가 촉 땅에 들어오자마자 그런 짓을 한다면 하늘의 노여움과 백성의 원망을 살 것이오. 그대의 계책은 매우 의롭지 못함이니, 춘추시대의 패주覇主조차 쓰지 않았을 것이오."

방통이 얼굴을 붉히며 변명했다.

"이는 제 꾀가 아닙니다. 법정이 장송의 밀서를 받아 일을 늦추면 아니 되며 속전속결해야 한다고 하였습니다."

이 또한 '기본적 귀인 오류'다.

이때 법정이 끼어들었다. 법정은 유비가 자신을 '주인을 팔아 영예를 구하는 자'로 오해할까 두려워 다급히 변명했다.

"저희도 자신을 위해서 이러는 것이 아니라 천명을 따르는 것 뿐입니다."

그러나 이미 유장이 붙인 라벨에 묶인 유비는 끝까지 마음을 바꾸지 않았다. 방통과 법정은 도리 없이 그대로 물러났지만, 큰 공을 세울 수 있는 기회를 포기할 수는 없었다.

공을 세우고 싶은 마음이 간절했던 방통은 법정과 상의한 끝에 결단을 내렸다.

"일을 늦추면 아니 되오. 어쩔 수 없으니 우리도 주공의 뜻을 따를 수 없습니다!"

방통은 곧바로 위연을 불러 이튿날 연회에서 칼춤을 추다가 기회를 봐서 유장을 죽이라고 했다.

이튿날, 위연이 연회에서 칼춤을 추겠다고 나섰다. 그러자 유장 쪽 장임張任이 곧바로 칼을 뽑아 들며 말했다.

"칼춤은 상대가 있어야 하니 제가 함께 어울려 드리겠습니다!"

방통이 곧 유봉에게 눈짓했다. 이에 유봉도 칼을 뽑아 들고 나섰다. 그러자 서천의 냉포冷苞, 등현鄧賢 등도 잇달아 칼을 뽑으면서 연회장은 삽시간에 난장판이 됐다.

놀란 유비가 황급히 일어나며 외쳤다.

"우리 형제가 만나는 것이 홍문연鴻門宴도 아닌데 칼춤이 무슨 소용이오? 다들 칼을 거두시오. 따르지 않는 자는 바로 참하겠소!"

유비가 격노하니 그제야 모두 물러났다. 유장은 몹시 감동해 자리에서 일어나 유비를 안고 눈물을 흘렸다.

"형님의 은혜를 결코 잊지 않겠습니다!"

유장은 유비를 부르는 일로 심한 반대에 시달렸다. 하물며 유장은 유약해서 그런 압박을 견딜 배포가 없었다. 그런데 방금 보인 유비의 태도는 그가 옳았음을 증명하고 심리적 부담을 덜어주었다. 감동한 유장이 눈물을 보인 것은 당연했다. 바보에게는 바보의 복이 있다더니, 이는 유비 내면의 인지부조화를 더 심화시켰다.

연회가 끝나자 유비는 방통에게 불같이 성을 냈다.

"나는 인의를 행하는 자요. 다시는 이런 일을 벌이지 마시오!"

호된 질책을 받은 방통은 심정이 몹시 복잡했다.

한편 유장 측 장수들은 유비의 '홍문연 음모'를 깨뜨린 데 고무돼 유장을 설득하려 했다. 그러나 유장은 한사코 유비를 옹호했다.

"우리 형님 유현덕은 결코 그런 사람이 아니오."

물론 이는 유장 자신을 편든 것이기도 했다. 그러자 장수들이 말했다.

"유비는 서주를 집어삼킬 뜻이 없더라도 그의 수하들까지 그 뜻이 없다고 할 수 없습니다!"

유장이 말했다.

"더는 말하지 마시오. 누구도 우리 형제 사이의 정을 갈라놓을 수 없소!"

이에 장수들은 그저 물러날 수밖에 없었다.

그 후로 유비와 유장이 부수관涪水關에서 만나 몇 날 며칠 즐겁게 술잔을 기울이는 동안 아무 일도 일어나지 않았다. 그러던 중 한중의 장로가 가맹관葭萌關을 공격한다는 급보가 날아들었다. 유장은 유비에게 도움을 청했다. 마침내 서천을 '도우러' 왔음을 증명할 기회가 온 데 흥분한 유비는 기꺼이 받아들였다. 유비는 곧 자기 군사를 이끌고 가맹관으로 달려갔다.

유장 휘하의 장수들은 요충지를 단단히 지키게 해 유비의 군사 반란에 대비하라고 거듭 권했다. 유장도 처음에는 따르지 않다가 장수들이 거듭 권하는 탓에 명장 양회楊懷와 고패高沛에게 부수관을 지키라 명했다. 이후 유장은 성도로 돌아갔다.

◈ 시련을 기회로 바꾸는 역경 극복 처세술

칭찬이든 비난이든 우리를 얽매는 족쇄일 뿐이다. 타인이 나를 향해 하는 말에 곤두선다. 그 말을 곱씹으며 자신이 정말 그런 사람이라고 생각한다. 그 사람의 프레임에 갇히는 것이다. '좋은 사람'이라는 말을 들으면 그 사람에게는 언제나 좋은 사람으로 비치기 위해 노력한다. 이것이 족쇄 아니고 무엇인가.

얽힌 매듭을 풀어줄 사람은
바로 자신이다

가맹관에 쳐들어온 장로를 격퇴한 뒤 몇 달째 아무 일이 없었다. 유비는 형주에서 멀리 떨어진 촉蜀에서 일없이 지내자니 초조하고 불안해졌다.

이때 조조가 다시 군사를 일으켜 동오를 공격했다. 유비는 강 건너 불구경하듯 두 호랑이가 싸우는 모습을 지켜보면 될 일이었다. 하지만 조조가 손권을 이기면 곧 형주를 취하려 할 것이고, 손권이 조조를 물리친다면 그도 형주를 취하려 할 터였다. 걱정이 된 유비는 방통을 불러 이 일을 상의했다.

방통은 곧 절묘한 계책을 떠올렸다.

"주공께서는 염려치 마십시오. 형주에는 제갈량이 있으니 걱정할 필요 없습니다. 하지만 주공께서 가맹관에 한참을 머무르시며 세월만 보내고 있으니 이참에 형주로 돌아가시지요."

방통은 속히 공을 세우고 싶었다. 가맹관에서 하릴없이 허송세월하자니 속이 까맣게 타들어 갔다. 물론 정말로 유비를 설득해 형주로 돌아갈 생각은 아니었다. 유비가 인의의 굴레에서 벗어나 서천 정벌에 나서게 만들고 싶었다.

방통의 제의를 듣자마자 진퇴양난이었던 유비는 마음이 동했다.

"그것도 방법이겠구려. 다만 유장에게 뭐라고 한단 말이오?"

방통이 말했다.

"주공께서 유장에게 서찰을 써서 조조가 손권을 공격해서 손권이 우리에게 구원을 청했다고 하십시오. 우리와 동오는 혼인으로 맺어진 인척이니 돕지 않을 수 없다고 말입니다. 장로는 무능한 자이니 걱정할 것 없다고 하십시오. 다만 우리가 이제 군사를 형주로 돌려 손권과 함께 조조를 격파해야 하는데 군사와 양식이 모자라니 같은 종친임을 생각해 정예병 4만과 군량 10만 섬을 속히 보내 도와달라고 하십시오."

이 계책은 호혜의 원칙에 따른 것이다. 유비는 유장을 돕기 위해 몸소 군사를 이끌고 서천으로 왔다. 이는 유장에게 은혜를 베푼 것이다. 이제 유비에게 일이 생겼으니 유장은 유비에게 은혜를 갚아야 할 의무가 있었다. 만약 유비의 청을 거절한다면 유장은 필시 양심의 가책을 느낄 테고 더는 자신을 위해 애써 달라 부탁할 수 없게 된다.

유비는 방통의 말이 일리가 있다고 생각했다. 곧바로 서찰을 쓴 뒤 성도의 유장에게 보냈다. 유장은 유비의 말을 믿고 그가 요청한 군사와 군량을 준비했다.

그런데 휘하의 문무백관이 극렬히 반대하자 쉽사리 결정을 내리지 못했다. 한차례 논의 끝에 유장은 결국 노약한 군사 4천과 군량 1만 섬만 지원했다.

방통은 유장이 유비의 청을 거절할 것으로 예상했다. 그의 수하 중 상당수가 유비를 꺼리고 경계했기 때문이다. 이를 잘 이용해 유비의 분노를 부채질하면 유비와 유장의 반목을 일으킬 수 있었다. 방통의 뜻대로 노약한 군사 4천과 군량 1만 섬은 유비의 격노를 불러왔다.

유비는 사자를 향해 욕을 퍼부었다.

"내가 온 힘과 마음을 기울여 너희 적을 물리쳤거늘, 이제 내게 일이 생겼는데 재물을 아까워하다니 배은망덕하기 이를 데 없구나!"

유비가 회답서를 찢어버리자 놀란 유장의 사자는 그날 밤에 성도로 도망쳤다.

유비는 인덕을 갖춘 침착한 자로 정평이 났는데 왜 평소와 다른 모습을 보였을까?

사실 그동안 유비는 속에 담아두고 꾹꾹 누르기만 했다. 그런데 양극단의 마음이 이 일을 계기로 터져 나와 버렸다. 유비는 도의를 위해 '돕는다'라는 명분으로 서천에 왔음을 강조해 왔으나 그의 무의식은 서천을 노리고 있었다. 그런데 서천에 온 이후 줄곧 가맹관에 갇혀 있느라 울화가 쌓일 대로 쌓였다. 그러던 차에 유장이 호혜의 원칙을 어겨 쌓였던 것이 제대로 터졌다. 유비가 인의의 매듭을 스스로 풀기란 힘든 일이었다. 제갈량도 이 매듭을 풀려고 갖은 애를 썼으나 결국 실패했다. 그런데 방통이 그 일을 해낸 것이다.

방통은 어떻게 해냈을까?

핵심 키워드는 '도덕 배제'였다. '도덕 배제'는 공격을 반격으로 '포장'할 만큼 위력적이다. 상대를 비도덕적으로 만들어 비난이나 공격의 합리적 근거를 마련하는 것이다.

유비가 능력이 모자라 유장을 공격하지 않은 건 아니었다. 그저 이유 없이 유장을 공격하는 것은 인의에 어긋나는 짓이라 하지 않았다. 형주를 취하라고 입이 닳도록 설득하는 제갈량의 말을 듣지 않은 것도 마찬가지였다. 호혜의 원칙에 어긋나는 유장의 행동은 스스로 도덕을 저버린 것과 같았다. 이는 관계를 끝장내고 분노를 표출할 이유로 차고도 넘쳤다. 이 매듭만 풀면 나머지 일들은 일사천리였다.

방통은 기뻐하며 미리 생각해 둔 2단계 계획에 들어갔다.

"주공께서는 늘 인의를 중시하셨는데 이제 어쩌시렵니까?"

방통은 세 가지 계책을 내놓았다. 상책은 정예병을 골라 밤낮으로 달려가 성도를 습격하는 것이다. 중책은 거짓으로 형주로 돌아가는 척하며 부수관을 지키는 양회와 고패가 환송하러 오면 두 사람을 잡아 죽여 먼저 부수관을 빼앗고 다시 성도를 공격하는 것이다. 하책은 밤낮으로 길을 달려 형주로 돌아갔다가 서서히 서천을 도모하는 것이다.

유비는 잠시 생각하더니 말했다.

"군사께서 말한 상책은 너무 급한 듯하고 하책은 너무 느린 듯합니다. 중책이 급하지도 느리지도 않아 쓸만합니다."

유비는 유장에게 보내는 서찰에 조조가 공격하는데 관우가 막지 못해 직접 형주로 돌아가야 하는데 만나서 이야기할 시간이 없으므로 작별을 고한다고 썼다.

유비의 서찰이 성도에 이르자마자 장송은 그 소식을 전해 들었다. 장송은 유비가 진심으로 군사를 물리려는 줄 알고 마음이 급해졌다. 그는 오랜 시간 꾸며온 일이 물거품이 될까 봐 황급히 유비에게 회군을 만류하는 서신을 썼다.

그런데 하필이면 이 편지가 장송의 형 장숙張肅의 손에 들어가고 말았다. 아연실색한 장숙은 감히 감추지 못하고 곧장 유장에게 이 사실을 고했다.

장송의 서신은 유비의 위선을 증명했다. 유장은 크게 노해 장송 일가를 모두 죽였다. 그리고 각 요충지를 굳게 지키며 병력을 늘려 유비를 막았다.

이로써 유비도 모든 도덕적 속박을 끊어냈다. 유비는 계략으로 양회와 고패를 죽이고 가볍게 부수관을 탈취했다. 그리고 연회를 베풀어 삼군의 공을 치하했다. 유비와 방통은 통쾌한 마음에 실컷 술을 마시다가 고주망태가 되었다. 유비가 거나하게 취해 방통에게 말했다.

"군사, 오늘 우리가 이토록 술을 마시는 것은 인생의 즐거움이 아니겠소?"

방통은 얼마 전까지 입만 열면 인의도덕을 떠들던 유비가 이제 와 유장에게 칼을 들이대는 꼴이 가소로웠다. 자기 재주만 믿고 남을 얕보는 방통이 말했다.

"남의 나라를 토벌하고 즐거워하는 것은 어진 이의 군대가 아닙니다!"

방통도 기쁨에 취한 나머지 도를 넘었다. 유비의 일관된 태도로 보자면 방통의 말을 듣고 부끄러워했어야 옳았다. 그러나 유비는 부끄러워하기는커녕 벌컥 성을 냈다.

"지난날 무왕武王이 주왕紂王을 토벌하고 악기를 연주하고 춤을 추었는데, 이는 어진 이의 군사가 아니란 말이오? 군사의 말씀은 전혀 이치에 맞지 않소. 그만 물러가시오!"

술에 취한 유비는 조금도 부끄러워하지도 않고 자신을 어질고 의로운 사람으로 포장했다. 하물며 유장이 인의에 어긋나는 일을 저지르지 않았는데도 그를 황음무도했던 상商나라 주왕과 같이 취급했다.

어느 일이건 첫발 떼는 게 어렵지 일단 발을 떼면 그 뒤부터는 아주 쉬워진다. 물론 유비의 보폭이 좀 커서 아예 딴사람처럼 변했는데 방통이 바로 적응하지 못했을 뿐이다.

다음날, 정신을 차린 유비는 어렴풋이 지난밤의 추태가 기억나 다급히 시종들을 불러 자초지종을 물었다. 무슨 일이 있었는지 알게 된 유비는 몹시 후회했다. 술에 취해 추태를 부려 그간 쌓은 인의군자의 명성을 하루아침에 무너뜨렸기 때문이다. 만약 방통이 자기에게 실망해서 떠나버린다면 손실이 막대할 터였다.

유비는 다급히 방통을 청해 간밤의 무례를 사죄했다. 그런데 뜻밖에 방통도 후회하고 있었다. 자신의 신중하지 못한 언행으로 유비가 다시 지금껏 고수한 도덕의 길로 돌아가게 했을까 염려한 것이다.

두 사람은 서로 사죄하고 지난밤의 추태를 덮어버렸다.

◈ 시련을 기회로 바꾸는 역경 극복 처세술

이유는 어떤 일을 하는 가장 좋은 핑계다. 어떤 일이든 회피하고자 하면 그에 맞는 상황과 일이 생긴다. 없으면 남의 일을 가져다 쓰기도 한다. 이런 궁리는 상대에게 신임을 잃는다. 개인의 유불리를 떠나 자기가 한 일에는 책임지려는 자세가 필요하다.

아무도 자기 운명을
점칠 수 없다

좋은 일이든 나쁜 일이든 시작이 어렵다.

평생 자신을 옥죄던 신념에서 벗어난 유비는 유장을 향해 칼을 들이밀고 부수관을 빼앗은 뒤 곧바로 낙성雒城으로 향했다. 이 소식이 형주로 전해지자 줄곧 진척 상황을 예의주시하던 제갈량은 심경이 복잡해졌다. 자신은 온갖 수를 쓰고도 유비의 마음을 바꾸지 못했는데 방통은 손쉽게 해냈으니 시기심이 들었다.

그런데 제갈량은 밤에 천문을 살피고 태을신수太乙神數를 계산하다가 큰 흉조를 발견했다. 제갈량은 급히 서신을 쓴 뒤 마량에게 한시도 지체하지 말고 유비에게 전하라고 했다

서신에는 이렇게 적혀 있었다.

제가 밤에 태을신수를 계산해 보니, 금년 세차가 계해癸亥인데 강
성罡星이 서쪽에 있습니다. 또한 건상乾象을 살피니, 태백太白이 낙
성의 어름에 임하였습니다. 주장主將의 신상에 흉한 일은 많고 길
한 일은 적으니 마땅히 근신하여야 합니다.

　유비는 제갈량의 신출귀몰한 능력을 믿고 황급히 방통을 불
렀다.
　방통의 첫 반응은 이러했다.
　'제갈량이 내가 주공을 도와 서천을 취할까 두려워 고의로 내
발목을 잡으려 하는군.'
　태을신수는 제갈량의 전유물이 아니라 방통도 일가견이 있
었다. 방통이 말했다.
　"저도 태을수를 헤아려 강성이 서쪽에 있음을 이미 알았습니
다. 이는 마땅히 주공께서 서천을 얻을 것을 나타내지, 주공께
흉사가 있을 징조가 아닙니다. 저 역시 천문을 점쳐 태백이 낙
성에 임한 것을 보았습니다. 먼저 촉의 장수 영포泠苞를 참하였
으니 이미 흉조에 응한 것입니다. 주공께서는 의심치 마시고
서둘러 진군하십시오."

하나는 '마땅히 근신하라'고 하고 또 하나는 '서둘러 진군하라'고 한다. 둘 다 막상막하의 기재인데 누구 말을 따라야 할까? 당연히 방통이었다.

유비가 서천 동행자로 방통을 택한 것도 제갈량을 견제하기 위함이었다. 제갈량의 말을 따른다면 어떻게 하는 것이 '근신'하는 셈인가? 형주로 군사를 물려야 하나? 아니면 낙성 공략을 멈추고 여기서 움직이지 말아야 하나? 어느 것도 이미 불붙은 유비의 야심에 맞지 않았고 방통을 중용하려는 유비의 뜻과도 거리가 멀었다.

방통이 거듭 진군을 재촉하자 유비도 마음을 굳히고 낙성 공략에 나섰다. 그러나 진군 도중 방통은 매복에 걸려 촉장 장임이 쏜 화살에 맞아 죽고 만다.

제갈량의 헤아림이 맞은 것이다.

어째서 '태을신수 계산'에서 제갈량이 이기고 방통은 목숨까지 잃었을까? 같은 천문을 보고 같은 능력을 지녔는데 어째서 방통은 흉조를 이미 참한 촉장 영포와 연결 지었고 제갈량은 아군 장수와 연결 지었을까?

이는 방통의 능력이 제갈량보다 못해서가 아니고 '선택적 인지selective perception' 때문이다. 사람은 외부 정보를 선택하는 과정에서 자신의 신념, 태도, 흥미, 필요와 일치하는 정보만 고르고 이에 어긋나는 정보는 무시하는 경향이 있다.

방통이 보기에 제갈량은 이미 혁혁한 공을 세우고 드높은 명성을 날리고 있었다. 그런 제갈량과 나란히 서려면 유비를 도와 반드시 서천을 취해야만 했다.

공을 세우고 싶어 안달 난 방통은 자신이 공을 세우는 데 유리한 쪽으로 천상을 해석했다. 선택적 인지의 영향 탓에 제갈량이 선의로 한 충고도 자신이 공을 세우지 못하게 하려는 시기심으로 해석했다.

이처럼 선택적 인지는 같은 현상을 두고 전혀 다른 해석을 내리게 만든다. 제갈량과 방통은 둘 다 태을신수에 정통한 고수들로 다른 사람을 위해 천기를 읽을 때는 모두 옳게 읽었다. 그러나 방통은 자신과 연관되니 객관적이고 냉정한 판단을 내릴 수 없었다.

유비도 마찬가지다. 유비는 제갈량을 견제하기 위해 계속 방통에게 힘을 실어주었다. 그러면서도 어서 서천을 자기 땅으로 만들고 싶었다. 이런 선택적 인지의 영향을 받은 유비가 방통의 판단에 따른 것은 당연한 일이었다.

다만 유감스럽게도 군주와 신하 둘 다 '선택적 인지'에 휘둘린 탓에 방통은 젊은 나이에 세상을 등지고 말았다. 방통의 죽음에 크게 흔들린 유비군은 촉군에게 대패하고 부수관으로 퇴각했다. 유비는 비통함에 어찌할 바를 몰랐다. 서천 정복의 첫발을 성공적으로 떼었는데 평생 자신을 따라다닌 '화와 복이 함께 오는 저주'가 다시금 발동해 불세출의 기재를 잃고 말았다.

노장 황충은 어서 형주로 급보를 띄워 제갈량을 데려오자고 건의했다. '봉'으로 '용'을 누르려던 계획이 실패했으니 서천을 취하려면 제갈량을 다시 쓸 수밖에 없었다.

제갈량은 참 운이 좋다. 처음에는 서서가 그의 자리를 빼앗는 듯했지만 금세 조조에게 불려갔고, 뒤이어 온 방통은 금세 사신에게 불려갔다. 아무래도 이 군사 자리는 제갈량이 아니면 안 되는 모양이다.

그러나 유비의 냉대를 겪은 제갈량의 심경에도 미묘한 변화가 생겼다. 원래 제갈량은 관우와 강 대 강으로 맞서면서 기싸움을 벌였으나 두 번 다 유비가 끼어들어 성공하지 못했다. 그 결과 날로 기세가 오른 관우는 더 거만해졌다. 이제 유비가 제갈량을 불렀으니 형주를 지킬 장수를 골라야 했다. 지금껏 파악한 제갈량의 성질머리를 보면 절대로 이 중요한 임무를 오만방자한 관우에게 맡길 리 없었다. 오히려 기어이 그를 자기 곁에 두고 굴복시킬 기회만 엿봐야 했다.

그러나 제갈량은 관우와 맞서서는 유비의 지지를 얻지 못한다는 사실을 깨달았다. 그래서 제갈량은 관우에게 형주의 수비를 맡기고 조운과 장비를 서천으로 데려갔다. 제갈량은 떠나기 전에 관우에게 "북으로는 조조에 맞서고 남으로는 손권과 화친하시오."라고 말했다. 이에 혹시라도 관우의 반감을 살까 염려해 비단 주머니는 쓰지 않았다. 이 또한 관우와 관계를 개선하려는 뜻을 내비친 셈이다.

제갈량은 관우에게 인수인계를 마치고 유비를 돕기 위해 서천으로 향했다. 강력한 지원군을 맞은 유비는 파죽지세로 성도성 아래까지 밀고 들어갔다. 적에게 포위된 유장은 유비를 믿고 충언을 멀리하여 어리석게 적을 끌어들인 게 수치스러웠다. 원래도 유약했던 유장은 수치스러움이 더해지자 더는 싸우고 싶지 않았다. 결국 유장은 투항을 선택했다.

이에 동화董和가 말했다.

"주공, 성안에 아직 3만의 군사가 남아있고 양식과 건초가 1년은 쓰고도 남습니다. 하물며 성안의 군사와 백성이 죽기를 각오하고 싸우는데 주공께서는 어찌 싸우려 하지 않으십니까?"

유장이 길게 탄식하며 말했다.

"우리 부자가 촉에서 20여 년을 지냈으나 백성에게 은덕을 베풀지 못했소. 유비가 서천에 든 이후로 3년 동안 전쟁을 치르느라 많은 사람이 죽어 기름진 들판을 피로 물들였소. 이 모두

가 내 죄인데 어찌 내 마음이 편하겠소. 차라리 투항하여 백성을 지키는 편이 낫소."

비록 어쩔 수 없는 선택이었으나 유장은 인의를 아는 자였다. 그러나 잔혹한 권력 투쟁 앞에서 인의를 아는 게 무슨 소용인가? 앞에서는 인의를 떠들고 뒤로는 왕패王霸의 실익을 챙기는 자만이 인의가 주는 이익을 취할 수 있다.

유비도 인의를 지키고 싶었다. 그러나 우습게도 유비의 정치적 이익은 인의를 배신해 얻은 것이었다. 이는 유비가 경멸하는 조조의 짓거리와 다를 바 없었다. 제갈량과 방통이 '인의를 거스르지 않으면서 서천을 빼앗을 방법'을 찾아내지 못한 진짜 이유도 이것이다.

싸울 의지를 잃은 유장은 신하들이 말려도 듣지 않았다. 유장은 인수와 문서를 들고 성 밖에 나가 투항했다.

유비가 유장의 손을 잡고 말했다.

"내가 인의를 행하지 않음이 아니라 실로 형세가 어쩔 수 없었소!"

차라리 말을 말던가. 이득을 취하면서 선량한 척 해봐야 위선자가 될 뿐이다. 그러나 유비는 내면의 인지부조화가 극에 달해 눈물과 변명으로 풀지 않으면 안 될 지경에 이르렀다. 정치인은 제 뜻과 상관없이 움직여야 할 때가 많다. 그렇게 이익을 얻고 나면 명예를 잃을 수밖에 없다.

유장은 백성을 지키기 위해 유비에게 투항했다. 이는 유약하고 무능함의 소치로 보였으나 사실 '인의'로 유비에게 한 방 먹인 셈이다. 그로 인해 유비가 촉에서 자리를 잡으려면 반드시 '인의'로 자기 잘못을 보상하고 민심을 얻어야 했다.

유비가 인의를 행할 첫 번째 시험대는 '유장의 처분'이었다. 과연 유비는 어떤 결정을 내릴까?

◈ **시련을 기회로 바꾸는 역경 극복 처세술**

정치와 인의는 결코 함께할 수 없다. 정치는 그만큼 냉정한 판단과 정확하게 사리를 분별할 수 있는 시각, 다수를 위한 신념을 가져야 하기 때문이다. 여기에 개인적인 감정이 끼어들면 안 된다. 인의의 어짊과 의로움은 인간의 덕성으로 좋으나 올바른 정치에는 걸림돌이 된다.

죄책감의 파도는
시간이 지날수록 거세진다

익주를 얻은 유비는 죄책감에 시달렸다. 유비는 유장을 성도에 두고 잘 대해줘 죄책감을 덜고 싶었다. 그러나 제갈량은 달랐다.

"유장이 실패한 것은 너무 유약했기 때문입니다. 주공께서도 소심한 어짊으로 결단을 내리지 못하신다면 아마 익주를 오래 지키기 어려울 것입니다."

유비도 제갈량의 말이 옳음을 알았다. 만약 유장을 계속 성도에 남겨두면 기회를 틈타 그를 복위시키려 난을 일으킬 수도 있었다. 조조도 형주의 투항을 받아들이면서 유종을 멀리 청주로 보냈지 않았던가. 조조가 유비에게 미치는 잠재적 영향을 무시할 수 없었다. 늘 조조와 반대로 행하던 유비도 이번에는 조조를 따랐다. 유비는 마음을 모질게 먹고 유장을 남군 공안公安 땅으로 보냈다.

그리고 유비는 익주목을 맡았다. 마침내 진정한 자신의 근거지를 마련한 것이다.

이때 그의 나이 쉰넷이었다. 무려 30년 동안 산전수전을 겪으며 온갖 고생한 끝에 희망을 움켜쥐었다.

공을 세운 수하들과 새로 항복한 문무백관들도 높은 작위와 큰 포상을 받았다. 그중 제갈량은 군사장군軍師將軍, 관우는 탕구장군蕩寇將軍, 장비는 정로장군征虜將軍, 조운은 진원장군鎭遠將軍, 황충은 정서장군征西將軍, 위연은 양무장군揚武將軍으로 봉해졌다.

또한 세 후작도 봉했는데 관우는 수정후壽亭侯, 장비는 신정후新亭侯로 봉해졌다. 관우는 조조의 진영에 있을 당시 한수정후에 봉해진 적이 있었다. 하지만 스스로 작위를 내려놓고 떠났기에 그 작위가 자동으로 폐해졌는데, 이번에 유비가 같은 작위를 다시 내렸다. 물론 '한漢'자는 특별히 붙일 필요가 없었다.

세 번째 후작은 예상 밖 인물이었다. 한중의 장로 쪽에서 투항한 마초였다. 만약 딱 세 명만 후작에 봉한다면 그 공로로 봤을 때 마초가 아니라 제갈량이나 법정이 되어야 옳았다.

마초는 명문가 출신으로 그의 조상은 후한 초기의 복파장군伏

波將軍 마원馬援이고 그의 부친은 전장군前將軍이자 괴리후槐里侯 마등馬騰이었다. 그렇다면 마초가 집안 덕에 후작에 봉해진 걸까?

그렇지 않다.

혈조당 사건을 돌아보자.

국구 동승을 위시하여 많은 사람이 조조를 없애고 한헌제를 지키자며 뭉쳤다. 유비와 마초의 부친 마등은 혈조당의 일원이었지만 둘 다 조조의 첫 번째 학살에서 살아남았다. 그러나 마등은 조조의 두 번째 학살을 피하지 못했다. 그 결과 유비는 혈조당의 유일한 생존자가 되었다.

사실 유비는 혈조당에 아무런 공헌도 한 바 없는데 온갖 광영을 혼자 누린 것에 양심의 가책을 느껴왔다. 그러던 중 유장이 투항하고 그의 처분을 결정하는 과정에서 새로운 죄책감까지 더해졌다. 그래서 엉뚱하게도 마등의 아들인 마초가 혜택을 입어 평서장군平西將軍, 도정후都亭侯에 봉해진 것이다. 이로써 유비도 마음의 평안을 얻었다.

뜬금없이 영광의 주인공이 된 마초는 기고만장해졌다. 유비조차 안중에 없었다. 훗날 장비에게 따끔한 가르침을 받은 뒤에야 정신을 차리고 자중했다.

공도 없는 마초가 큰 영광을 누리자 불만을 품은 사람이 적지 않았다. 그러나 유비가 익주를 취하고 크게 위명을 떨치는 상황에서 감히 대놓고 불만을 토로하는 사람은 없었다. 다만 멀리 형주에 있는 관우가 기발한 방법으로 불만을 내보였다.

어느 날, 유비가 제갈량과 한담을 나누는데 관평이 와서 관우의 말을 전했다.

"부친께서 마초의 무예가 고강함을 들으시고 서천에 오셔서 그와 겨뤄보고 싶다 하십니다."

유비가 깜짝 놀라 말했다.

"운장이 왜 그리하려는 것이더냐? 운장이 서천에 오면 형주가 빌 텐데 어쩌려고 그러는지 모르겠구나. 하물며 마초도 용맹해서 운장과 겨룬다면 필시 한쪽이 상하게 될 게 뻔하구나. 지금 괜한 분란을 일으키려는 게 아니냐!"

그러나 제갈량은 금세 관우의 뜻을 알아차렸다. 이제 막 유비 진영에 합류한 마초가 후작에 봉해진 게 마음에 들지 않은 것이다. 게다가 정치의 중심에서 떨어져 있으니 다른 이보다 민감하게 반응했다.

제갈량도 관우의 제의가 옳지 않다고 여겼다.

"주공께서는 걱정하지 마십시오. 제가 서찰을 써서 운장의 마음을 돌리고 안심하고 형주를 지키게 하겠습니다."

유비는 서둘러 제갈량에서 회신을 쓰라 하고 관평에게 밤낮을 달려 형주에 전하라 했다.

제갈량은 서찰에 무어라 적었을까?

제가 듣자니 장군께서 맹기孟起와 고하를 가르고자 하신다지요. 제가 헤아리건대 맹기가 남보다 용맹스럽고 강직하나 경포黥布나 팽월彭越의 무리일 뿐이오. 마땅히 익덕과 선두를 다툴 수 있으나 아직 절륜하고 출중한 미염공美髥公에는 미치지 못합니다. 이제 공께서 형주를 지키게 되셨으니 그 임무가 무겁지 아니하다고 할 수 없습니다. 만약 서천으로 들어와 형주를 잃는다면 그 죄가 막중할 것입니다. 밝게 살피시길 바랍니다.

이 서찰을 보면 관우를 대하는 제갈량의 태도가 확연히 달라졌음을 알 수 있다. 이전에는 격장지계로 관우를 자극해 관계를 극단으로 몰아가 유비의 견제를 받았다. 그러나 이제 관우에게 맞서기보다 달래는 쪽으로 방향을 바꾸었다.

제갈량은 서찰에서 관우를 '절륜하고 출중한 사람'으로 추켜세웠다. 그러면서 마초는 경포나 팽월 같은 인물로 용맹하되 절륜하고 출중하지는 않은 장비와 비슷한 인물로 깎아내렸다. 이렇게 마초와 관우 사이의 우열을 가렸음에도 관우가 마초와 겨루기를 고집한다면 오히려 제 몸값만 깎는 셈이 된다.

제갈량의 극단적인 태도 변화에 관우는 흡족함을 감추지 못했다. 관우는 모든 빈객을 모아 제갈량의 서신을 내보였다.

"공명이 내 마음을 아는구나."

그러고 다시는 비무를 언급하지 않았다.

유비는 제갈량의 처리 방식에 매우 만족했다. 또 자기 오른 팔과 왼팔인 수하들이 화해한 것에 기뻐했다. 그러나 유비는 진짜 위험이 도사리고 있음을 알아채지 못했다.

지금껏 제갈량과 관우가 음으로 양으로 겨뤘던 일을 차치해두면 제갈량의 서찰은 훌륭한 효과를 거뒀다. 그러나 두 사람의 관계에서 보면 제갈량은 관우를 꾸짖을 기회를 놓친 셈이다. 차라리 대의를 들어 꾸짖었어야 했다.

"형주는 매우 중요한 곳이기에 형인 유비가 안심하고 이 근거지를 네게 맡겼다. 그런데 너는 하찮은 재주를 뽐내기 위해 안위를 돌보지 않고 서천으로 와 비무나 하려는 것이냐? 그러고도 도원결의의 맹세 앞에서 떳떳할 수 있느냐? 그러고도 네가 충의지사라고 할 수 있느냐?"

만약 제갈량이 이렇게 꾸짖었다면 관우도 감히 반박하지 못하고 제갈량에게 경외심을 품었을 것이다. 그러나 채찍 대신 당근을 주는 바람에 관우는 제갈량이 자기에게 졌음을 시인했다고 오인해 더 오만방자해졌다. 신출귀몰한 제갈량조차 내 비위를 맞추는데 누가 감히 내게 맞선단 말인가. 결국 이날부터 형주의 앞날은 풍전등화에 놓이게 되었다.

한편 유비가 서천을 얻은 기쁨에 들뜬 지 얼마 되지 않아 빚쟁이가 움직이기 시작했다. 유비의 처남인 손권이다. 사실 이 혼사는 이미 깨진 것이나 마찬가지였다. 유비가 서천을 공략하고 있을 때, 손권은 유비가 자신을 속인 데 분개해 누이동생을 동오로 데려갔다. 이제 인척도 아니니 손권은 형주를 되찾고 싶은 마음이 더욱 간절해졌다.

손권이 모사들을 불러 모았다.

"당초 유비가 형주를 빌릴 때 서천을 취하면 돌려주겠다고 하지 않았소? 이제 그는 이미 파촉巴蜀 41주를 가졌으니 누가 가서 형주를 되돌려 받겠소?"

이때 장소가 '악독'한 계책을 냈다.

"유비가 형주를 빌린 것은 모두 제갈량의 꾀였습니다. 마침 그의 형 제갈근諸葛瑾이 여기 있으니 제갈근을 사자로 보내는 게 어떠한지요."

제갈량을 곤란하게 만들 수가 확실했다. 노숙이야 여러 번 갖고 놀았다 쳐도 자기 형에게까지 같은 수작을 부리지 못할 것이다. 손권이 들으니 매우 그럴싸했다.

제갈근은 감히 거절하지 못하고 마지못해 성도로 향해 유비와 제갈량을 만난다. 형주의 귀속 논쟁은 다 제갈량의 실수 탓이기에 유비는 제갈량에게 처리를 일임했다.

제갈량이라고 혈육의 정이 없지 않았으나 나라를 우위에 둘 수밖에 없었다. 제갈량은 유비와 '연극'을 하며 제갈근을 속였다. 그는 장사, 영릉, 계양을 돌려줄 테니 형주를 지키는 관우를 찾아가 받으라고 했다. 거만하기 이를 데 없는 관우가 형주를 넘겨줄 리 만무했다. 당연히 관우는 제갈근을 크게 꾸짖고 내쫓았다.

손권과 동오 사람들은 모두 분개해 무력으로 형주를 되찾겠다고 다짐했다.

한편 유비의 운은 계속 이어졌다. 그가 서천을 취한 뒤, 조조도 군사를 일으켜 장로를 무찔러 한중을 손에 넣었다. 이에 유비는 즉각 한중으로 진격해 가뿐히 조조를 격파하고 한중까지 차지했다. 이어서 유봉, 맹달, 왕평을 시켜 상용上庸의 여러 군을 공략했다. 이로써 유비는 단숨에 기세를 크게 떨치며 인생의 정점에 올랐다.

패기에 찬 유비는 이제 천하를 굽어보게 되었다. 유비를 따르던 자들은 그를 황제로 옹립하고 싶었으나 유비의 의중을 몰라 제갈량을 찾아갔다. 제갈량은 정복 전쟁 과정에서 기묘한 계책으로 잇달아 승리를 거뒀기에 자신감이 넘쳤다. 또 관우와

의 관계를 개선한 뒤로 자신에 대한 유비의 경계심이 한껏 낮아졌음도 알았다. 이에 자신만만해진 제갈량은 호언장담했다.

"이 일은 내게 맡기시오!"

과연 유비는 '깃털 장식 덮개를 씌운 수레를 타는 꿈'을 이룰 준비가 되었을까?

◈ 시련을 기회로 바꾸는 역경 극복 처세술

관계의 급작스러운 변화도 위험을 부른다. 특히 한쪽의 일방적인 요구일 때 상대에게 상황의 경위를 충분히 설명해야 한다. 오해가 쌓이거나 감정이 격해지지 않도록 대화를 나누는 게 좋다. 반감을 가지고 변화를 일으키면 그 파도에 자신이 휩쓸린다.

뜻밖의 일격은
믿었던 사람에게 맞는다

제갈량은 유비를 설득할 꾀를 생각한 뒤 법정 등과 함께 유비를 만나러 갔다.

제갈량의 놀라운 말솜씨야 두말하면 입 아프다. 지난날 제갈량은 동오 선비들을 모두 말로 눌러 내로라하는 기재들이 얼굴을 못 들게 한 바 있다. 과연 제갈량은 수십 년 동안 황제를 꿈꾼 유비를 설득할 수 있을까?

제갈량이 유비에게 말했다.

"이제 한나라 황제는 유약하고 조조가 전권을 휘둘러 천하의 백성은 주인이 없습니다. 주공께서는 이미 반백을 넘으셨고 사해에 위명을 떨치고 있으며 이미 형양과 양천을 가졌습니다. 가히 천명에 응하고 인심을 따라 요순^{堯舜}이 그러했듯이 황제의 자리에 오를 수 있는 것입니다. 또한 명분이 바르고 말이 순한 다음에 역적 조조를 토벌할 수 있습니다. 이는 하늘의 이치에 맞는 일이니 미뤄서는 아니 됩니다. 부디 길일을 택해 등극하소서."

제갈량의 말에는 다섯 가지 의미가 있다.

첫째, 일단 한헌제가 조조의 손안에 있으므로 천하에 주인이 없는 것과 같다.

둘째, 유비는 이미 쉰아홉으로 더 미룰 여유가 없다.

셋째, 유비는 황위에 오를 기반과 자원이 있다.

넷째, 고대의 요순이 이미 선양했기 때문에 천하의 비난을 물리칠 수 있다.

다섯째, 이는 하늘의 뜻에 맞는 일이다.

제갈량은 이 다섯 가지 이유면 유비도 혹하리라 생각했다. 그러나 유비는 '거절'했다.

"군사의 말씀은 틀렸소. 이 유비가 비록 한실의 종친이나 신하된 사람이오. 그리하는 것은 한실을 배반하는 것입니다."

제갈량은 아직까지도 유비 내면의 갈등을 이해하지 못했다. 유비는 황제가 되고 싶지 않은 것이 아니었다. 그저 인의도덕을 거스르지 않을 이유가 필요했을 뿐이다. 제갈량이 그 이유를 찾아내기만 한다면 당장에라도 제위에 오를 것이다. 그러나 이유를 찾아내지 못한다면 아무리 좋은 말로 설득해도 유비는 따르지 않을 것이다. 아니, 감히 따르지 못한다.

제갈량은 많은 사람 앞에서 단칼에 거절당하자 그대로 물러날 수 없어 다시 말을 이었다.

"주공, 그 말씀은 틀렸습니다. 이제 천하가 사분오열하고 영웅들이 아울러 일어나 각기 한 쪽씩 차지했습니다. 천하의 재주 있고 덕망 있는 자들이 목숨을 걸고 각자 선택한 주공을 모심은 명예를 위해서가 아니라 이득을 위해서입니다. 만약 주공께서 의심을 피하고 인의를 지키기 위해 등극하지 않는다면 주공을 따르는 사람들이 실망할까 두렵습니다. 청컨대 주공께서는 다시 생각하십시오!"

제갈량의 말은 숫제 협박이었다. 기어이 등극하지 않겠다면 당신을 따르는 이 사람들이 무슨 기대를 품겠느냐? 결국은 다 흩어지고 말 것이라는 뜻이었다.

유비는 몹시 불쾌했으나 겉으로 드러내지 않았다.

"나에게 분수에 넘치는 황제의 자리에 오르라고 한다면 나는 정말로 감히 그럴 수 없소. 그대들은 다시 상의하시오."

이에 옆에 있던 사람들이 나섰다.

"주공께서 거듭 물리치신다면 인심이 흩어질 것입니다!"

마치 제갈량이 사람들을 끌고 와 유비를 협박하는 모양새였다. 유비가 낯빛을 굳혔다. 아무리 좋은 일이라도 수하들의 압박에 못 이겨 따를 수는 없었다.

제갈량은 유비의 변화를 기민하게 눈치챘다. 더 압박했다가는 선두에 선 자신에게 불똥이 될 게 뻔했다.

제갈량이 말했다.

"주공께서는 평생 의리를 근본으로 삼은 까닭에 지금은 황제의 존칭을 쓰고자 하지 않으십니다. 그럼 주공께서 형양, 양천, 한중을 가졌으니 잠시 한중왕漢中王이 되시지요. 그리고 그 자리를 바로 하고 사람을 쓰심이 어떠신지요."

참으로 놀라운 임기응변이다. 일단 제갈량은 유비가 고수하는 인의를 고려해 더는 그를 난처하게 만들지 않았다. 다음으로 황제가 되라 강요하지 않고 한발 물러나 한중왕을 권하며 자기 체면까지 지켰다.

만약 그러지 않았다면 제갈량은 공개적으로 망신을 당했을 것이다. 마지막으로 제갈량은 계속해서 사람들의 공명심을 자극했다. 만약 유비가 한중왕이 되지 않으면 이 사람들의 공명심도 채워지지 않을 터였다.

그러나 유비는 이번에도 거절했다.

"그대들이 나를 왕으로 높이고자 하나 천자의 조서를 얻지 못한다면 그 또한 참칭이오!"

이 말은 곧 '이렇게 나를 몰아세워 봐야 소용없으며 한헌제가 조서를 내리게 하면 된다'라는 뜻이다. 그러나 조조의 손아귀에 있는 한헌제가 무슨 수로 유비를 한중왕에 봉하는 조서를 내린단 말인가?

제갈량이 말했다.

"난리 중에는 마땅히 임시방편을 따라야 합니다. 상도^{常道}만 고집한다면 큰일을 그르칠 것입니다."

제갈량이 옳다. 고금을 통틀어 정치적으로 큰일을 이룬 인물들은 임기응변에 능했다. 그러나 이것도 도덕군자가 되고자 하는 사람에게는 통하지 않는다. 물론 유비의 인생 목표는 도덕군자가 아니었지만 정말로 어찌할 수 없는 부분이 있었다. 지금까지 유비는 한실 종친의 덕을 톡톡히 봤으나 이는 일방적인 관계가 아니었다. 유비도 '한실 종친'인 탓에 갈수록 행동의 제약이 많아졌다. 일단 유비가 스스로 왕이 된다면 지금껏 그가 진심으로 지켜왔던 것들이 왕망^{王莽}과 같은 위장으로 취급될 것이다. 그런 상황을 어찌 받아들일 수 있겠는가? 그래서 유비는 열렬히 갈망하면서도 거듭 거절할 수밖에 없었다.

양측이 팽팽히 맞서던 그때 장비가 튀어나와 말을 보탰다.

"성씨가 다른 자들도 모두 황제가 되고자 하는데 하물며 형님께서는 한실의 종친이시오! 한중왕은 말할 것도 없고 지금 황제가 되더라도 안 될 게 뭐요? 아니 하시겠다면 반백 년의 고생이 헛된 꿈이 되지 않겠소(이미 조조는 위왕魏王의 자리에 올랐다)?"

다시금 사람들이 합세해 설득하자 유비도 더는 거스를 수 없어 허락했다.

제갈량은 기뻐하며 즉시 초주譙周를 시켜 한헌제에게 올릴 표를 썼다. 이 표가 한헌제에게 전달될지, 한헌제가 동의할지는 중요치 않았다. 중요한 것은 형식을 지켜야만 유비가 한중왕에 오르는 데 명분이 선다는 것이었다.

유비는 쉰아홉의 나이에 꿈에 다시 한 발 더 다가섰다. 그러나 이 한 발을 내딛기가 참으로 어려웠고 심경도 몹시 복잡했다. 유비가 걱정하는 것은 사람들의 비난이 아니라 스스로의 비난이었다. 유비는 젊은 나이에 요절한 방통을 몹시 그리워했다. 지금까지 오직 방통 하나만이 자신의 마음속 매듭을 깔끔하게 풀었다. 방통이 살아있었다면 이번에도 제 마음의 매듭을 풀어줬으리라.

그러나 간 사람은 다시 올 수 없는 법, 유비가 기댈 사람은 제갈량뿐이었다. 그런데 제갈량은 또 강한 통제욕을 드러내며 유비의 신경을 건드렸다. 제갈량이 통제하려 할수록 유비의 마음은 거스릴 수밖에 없었다.

유비는 왕위에 오른 뒤 관례대로 문무백관에게 벼슬을 내렸다. 유비의 아들 유선은 왕태자가 되었다. 허정許靖은 태부太傅에 봉하고 법정은 상서령에 봉했으며 제갈량은 군사에 임명해 군과 관련한 모든 일을 맡겼다. 관우, 장비, 조운, 마초, 황충은 오호대장에 봉했다.

이는 제갈량을 견제하려는 유비의 의도였다. 논공행상으로 뜻밖의 일격을 당한 제갈량은 몹시 실망했다.

문신 중 으뜸은 늘 제갈량이었다. 또한 그가 이룬 업적은 이 위치를 뒷받침하고도 남았다. 그런데 유비가 한중왕이 되면서 제갈량은 허정과 법정보다 낮은 자리로 떨어지고 말았다.

허정은 그의 사촌 동생 허소와 함께 모두 당대 인물 품평으로 이름을 얻고 있었다. 촉에 온 뒤로 허정은 촉군태수蜀郡太守로 있었는데 유비가 성도를 취하면서 법정의 추천으로 중용되었다. 허정이 비록 문신 중 으뜸의 자리에 올랐으나 그가 맡은 태부는 지위는 높되 권력은 크지 않은 명예직이었다. 그러나 법정이 맡은 상서령은 막강한 실권을 쥔 자리로 승상과 비슷했다. 유비는 제갈량이 노리던 이 자리를 법정에게 주었다.

제갈량이 유비에게 황위에 오르길 권할 때만 하더라도 법정은 제갈량의 뒤에 서 있었다. 그런데 정작 왕위에 오른 유비는 법정을 제갈량보다 높은 자리에 두었다. 법정으로 제갈량을 견제하려는 게 분명했다.

제갈량은 씁쓸한 마음을 가눌 길이 없었으나 이를 드러낼 수도 없었다.

유비는 여기서 그치지 않았다. 유비가 서천으로 돌아가면 한중을 지킬 사람이 필요했다. 사람들은 모두 장비를 꼽았다. 이때의 장비는 이미 지혜와 용맹을 겸비한 맹장이었기에 이 일의 적임자였다. 그러면 형주와 한중 모두 유비의 형제들이 지키게 되니 유비로서도 안심할 수 있었다. 그런데 유비는 장비가 아니라 위연을 한중태수에 임명했다.

위연은 촉한 대장 중 가장 말석에 있는 자로 오호대장에도 들지 못했다. 장비가 아니더라도 조운, 마초, 황충 등 유능한 인재들이 있는데 어째서 유비는 위연을 택했을까?

이 또한 제갈량에게 보내는 신호였다. 위연은 제갈량이 가장 싫어하는 사람이었다. 그런 위연을 중용함으로써 자신이 제갈량의 위에 있음을 내비쳤다. 물론 위연도 훌륭한 인재였다. 그저 제갈량 하나 견제하자고 아무렇게나 사람을 쓰지는 않았다. 다만 이때의 유비는 자신의 결정이 위연을 죽음으로 내몰 줄은 꿈에도 몰랐다.

통제하려다가 도리어 유비에게 통제당한 제갈량의 심경이

어땠을까. 통제도 버릇이 된다. 남을 통제하고 억압해 안정을 얻는 습관을 들이면 좀체 고칠 수 없다. 이는 단기적으로는 즐거움을 줄지 몰라도 장기적으로는 목마를 때 독주를 마시는 것과 같다.

◈ 시련을 기회로 바꾸는 역경 극복 처세술

통제는 두려움을 이기는 방법이 아니다. 가두고 통제할수록 두려움은 커진다. 이를 감추고자 더욱 강하게 상대를 제어하려 든다면 오히려 자신이 역으로 당하게 된다. 상대는 자기 말을 무조건 들어주는 사람이 아니다. 그의 생각을 듣고 해결 방안을 찾는 방법을 구사해야 한다.

자신의 취약한 부분이
때론 장점이 된다

조조는 유비가 한중왕이 되었음을 알고 노발대발했다.

"돗자리나 짜고 짚신이나 팔던 귀 큰 놈이 어찌 감히 이럴 수 있는가? 내 기필코 그놈을 멸하리라!"

조조와 장비의 생각이 정반대라서 재미있지 않은가. 조조는 유비의 출신이 한미하므로 한중왕이 될 자격이 없다고 했고, 장비는 유비가 한실 종친이므로 한중왕은 말할 것도 없고 지금 당장 황제가 돼도 아무 문제 없다고 했다.

이처럼 타인의 자격에 대한 비대칭 인식에는 개인의 편견이 들어 있다. 유비가 자기 통제하에 있을 때 조조는 '천하의 영웅은 사군과 조조뿐'이라고 치켜세웠다. 그런데 유비가 자신을 배반하고 떠나자 다시는 그를 영웅이라 하지 않았다.

타인의 평가에 연연하지 않고 남에게 휘둘리지 말아야 한다. 조조는 유비가 한중왕이 될 자격이 없다고 했으나 위왕으로서 자신의 자격은 의심한 적이 없었다.

반면 유비는 갈수록 한실 종친이라는 신분에 얽매여 자신의 궁극적 꿈 앞에서 머뭇거렸다.

조조는 전국의 병력을 모조리 동원해 유비를 멸하려 했다. 그때 사마의司馬懿가 동오와 손잡고 유비를 치라고 건의했다. 사마의의 말이 옳았다. 손권은 유비가 잘되는 꼴을 두고 볼 사람이 아니었다. 이리하여 잘나가는 유비가 꼴 보기 싫었던 두 사람이 힘을 합쳤다.

소식을 들은 유비는 제갈량과 상의 끝에 조조와 손권의 음모를 깨트리기 위해 관우에게 번성을 공격하라 명했다. 관우는 명을 받고 출정해 그의 인생에서 가장 화려한 막을 올린다. 관우는 조조의 칠군七軍을 수장하고 우금을 붙잡았으며, 방덕龐德을 참해 화하華夏에 위세를 떨쳤다. 관우의 이 승리는 조조가 천도까지 고려하게 만들었다.

유비와 손권 사이의 해묵은 영토 갈등도 이 시기 폭발했다. 동오의 여몽呂蒙은 관우가 원정을 떠난 틈에 형주를 습격해 꿈에 그리던 형주를 손에 넣었고, 관우의 부장 미방과 부사인傅士仁은 동오에 투항했다. 패한 관우는 맥성^{麥城}으로 도망쳐 유봉과 맹달에게 원군을 요청했지만 거절당하고 동오에 사로잡히는 신세가 되었다. 관우는 차라리 죽을지언정 강동의 쥐새끼에게 무릎을 꿇지 않겠다고 버티다가 끝내 손권에게 죽임을 당했다.

손권은 책임을 돌리기 위해 관우의 머리를 허도로 보냈다. 조조는 마치 살아있는 듯한 관우의 머리를 보고 두 사람의 추억을 떠올리다 쓰러졌다.

유비의 인생에는 이처럼 끊임없이 화와 복이 같이 다녔다. 이제 한중왕의 자리에 올랐는데 겨우 한 달이 지난 시점에 아우 관우가 죽고 근거지로 여겼던 형주는 동오에게 넘어간 것이다.

유비는 관우의 죽음에 큰 충격을 받았다. 유비는 밤낮으로 욕을 퍼붓고 이를 갈며 동오를 멸해 관우의 복수를 하겠다고 다짐했다. 그러나 이내 충격을 이기지 못하고 쓰러졌다.

이 시기에 조조도 세상을 떠나고 뒤를 이어 세자 조비가 왕위를 계승했다. 얼마 후, 조비는 한헌제를 겁박해 황위를 넘겨받았다. 조비는 연호를 황초^{黃初}로 하고 나라 이름을 대위^{大魏}로 했다. 이로써 후한의 맥은 완전히 끊겼다.

조비는 여론의 압박으로 한헌제 유협을 죽이지 못하고 산양공^{山陽公}으로 신분을 낮춘다. 이후 유협은 산양공으로 14년을 더 살았다.

그런데 이 소식이 촉한에 전해질 때는 조비가 한헌제를 죽였다고 와전되었다. 자연스럽게 와전된 것인지 누가 일부러 거짓을 전한 것인지 알 길이 없다. 하지만 그로 인해 유비에게는 천재일우의 기회가 되었다.

유비는 꿈을 실현하려면 '선양禪讓'만이 답이라고 생각했으나 선양과는 비교도 안 되게 좋은 기회가 찾아왔다. 조비는 선양으로 위장한 찬탈을 저질렀기 때문에 천고의 죄인이 되었다. 이제 유비가 조비를 토벌해 한실을 일으킨다는 명분을 내세우면 정정당당하게 황제에 오를 수 있었다. 이 기회를 놓친다면 다시는 떳떳하게 황제가 될 기회가 없으리라.

유비는 곧 문무백관에게 상복을 입히고 멀리 허창을 향해 통곡하며 제사를 지냈다.

제갈량은 이제야 유비의 마음을 제대로 파악했다. 흥미롭게도 유비가 제갈량을 견제하기 위해 중용한 법정도 얼마 전 세상을 떠나서 제갈량이 다시금 권력의 한가운데 서게 되었다. 이번에도 제갈량이 나서서 유비를 설득해야 했다.

제갈량은 허정과 상의한 뒤 문무백관을 이끌고 가 유비에게 황위에 오르라고 청했다. 이유는 단 하나였으나 매우 강력했다. 바로 '전한의 고조와 후한의 광무제가 남긴 한실 종통宗統을 계승하라는 것'이다.

조비가 한나라를 위나라로 바꾸어 한나라의 계승이 끊겼으므로, 유비가 나서서 한나라를 계승하는 것은 천하 사람들이 말하는 도의상 마땅히 져야 할 책임이었다. 그러나 제갈량의 청을 들은 유비는 신하들을 탓했다.

"경들은 왜 또다시 나를 불효불충한 사람으로 만들려 하오?"

거절은 반드시 거쳐야 할 형식적인 절차였다. 조비는 자신이 직접 나서서 한헌제에게 선위 조서를 쓰게 했음에도 세 번이나 거짓으로 거절했다. 유비는 다른 사람보다 사회적 평가에 민감했으므로 몇 번 거절하는 것이 당연했다.

사흘 뒤, 제갈량과 허정이 다시 문무백관을 데리고 조정에 들어 권했다.

허정이 말했다.

"한나라의 천자는 이미 조비에게 죽임을 당했습니다. 만약 왕상께서 제위에 올라 군사를 일으켜 역적을 토벌하지 않는다면 그것이야말로 불효불충한 일입니다. 이제 양천의 백성은 모두 왕상께서 황위에 올라 돌아가신 황제의 원수를 갚기를 바랍니다. 만약 민의를 따르지 않으신다면 백성들이 크게 실망할 것입니다. 청컨대 왕상께서는 밝게 살피십시오."

그러나 유비는 또 거절했다.

"내 비록 경제의 후손이나 탁군의 일개 촌부에 불과했소. 그리고 나는 천하 만민에게 어떠한 은덕도 베푼 적이 없소. 만약 오늘 황위에 오른다면 황위를 찬탈한 역적과 무엇이 다르겠소? 차라리 죽을지언정 그런 불효불충한 사람이 될 수는 없소! 경들은 내게 이 천추의 오명을 쓰게 하지 마시오!"

지금까지 유비는 늘 '한실 종친'의 감투를 이용했지만 한 번도 자신을 '탁군 촌부'라고 일컫지 않았다. 만약 그저 '탁군 촌부'에 지나지 않았다면 결코 이 자리에 오르지 못했을 것이다. 그런데 왜 유비는 이제 와 제 출신을 밝히고 자신을 깎아내린 걸까?

이 또한 제위에 오르는 것에 대한 심리적 부담을 줄이기 위해서였다. 유비가 수십 년 동안 '불가능해 보이는 꿈'을 품어왔지만, 막상 꿈을 이루려니 몹시 불안해졌다. 그가 어떻게든 자신을 깎아내리려 한 것은 외부의 더 큰 믿음과 지지를 바라서였다. 유비는 진실로 거절한 것이 아니라 자신감 결핍을 내보였을 뿐이다.

제갈량은 이 점을 파악하고 병을 핑계로 집 밖으로 나오지 않았다. 유비는 제갈량의 병세가 위중하다는 소식을 듣고 급히 병문안을 갔다.

제갈량은 기운 없는 목소리로 대답했다.

"근심으로 마음이 타는 듯해 오래 살지 못할 듯합니다."

유비가 크게 놀랐다.

"군사께서는 무엇을 근심하시오?"

유비가 몇 번이나 묻고 나서야 제갈량이 말문을 열었다.

"저는 초가를 떠난 뒤로 주공을 따랐습니다. 이제 주공은 양천 땅을 가지셨으니 저도 주공께서 맡기신 일을 저버리지 않은 셈이 되었습니다. 지금 수백의 문무백관이 주공께서 황위에 올라 함께 나라를 이끌고 조상을 드높이길 바라고 있습니다. 그런데 뜻밖에 주공께서 한사코 받아들이지 않으시니 모두 원망하다 오래지 않아 사방으로 흩어지고 말 것입니다. 문무백관이 다 흩어지고 위와 오가 쳐들어오면 양천은 끝장이 날 텐데, 이것을 생각하면 어찌 근심되지 않겠습니까?"

제갈량의 침실은 속마음을 털어놓기 쉬운 장소였다.

유비가 말했다.

"나도 꼭 거절하려는 것이 아니라 천하 사람들의 의론이 두려운 것이라오."

제갈량은 기뻐하며 곧 말을 이었다.

"성인께서 이르시길, 명분이 바르지 않으면 말이 순하지 않고 말이 순하지 않으면 일을 이룰 수 없다고 하였습니다. 이제 주공은 이미 명분이 바르고 말이 순한데 어째서 아직도 거절하시는 겁니까?"

편안한 분위기에서 던진 공자의 말 한마디가 유비의 마지막

장애물을 거둬냈다.

유비가 말했다.

"군사의 병이 낫기를 기다려 행해도 늦지 않습니다."

그 말이 떨어지자마자 제갈량은 병색을 지우고 자리에서 일어나 병풍을 걷었다. 그러자 병풍 뒤에서 기다린 지 오래인 문무백관들이 모두 엎드려 절하며 말했다.

"왕상께서 이미 윤허하셨으니 바로 날을 골라 대례를 받으십시오."

제갈량은 곧바로 길일을 골라 유비에게 등극을 청했다.

유비는 연호를 장무^{章武}로 고치고 나라 이름을 대촉^{大蜀}이라 했다. 또 유선을 태자로 세우고 제갈량을 승상, 허정을 사도^{司徒}에 봉했다. 이로써 마침내 제갈량은 '일인지하 만인지상'의 승상이 되었다.

이때 유비의 나이 예순하나였다.

오십여 년 전, 아직 탁군 누상촌의 철없는 아이일 적부터 유비는 막연히 황제가 되기를 꿈꿨다. 그런데 고난과 시련이 가득한 50여 년을 보내고 끝내 불가능해 보이던 꿈을 이룰 줄 누가 알았으랴!

유비는 지금껏 숱한 좌절과 실패를 겪었다. 그때마다 머뭇거리거나 포기했다면 이 꿈은 오래전에 깨지고 말았을 것이다.

이 거듭된 좌절과 실패가 유비 인생의 황금기를 다 소진하긴 했지만, 유비는 중국 역사상 가장 많은 나이에 황제에 등극했다. 세상 풍상을 다 겪고 황위에 이른 유비의 심경은 자신만 알 것이다.

사실 큰 꿈을 이룬 유비는 그다지 기쁘지 않았다. 아우 관우의 원수를 갚지 못한 까닭에 심중의 분노가 타오르고 있었기 때문이다.

◈ 시련을 기회로 바꾸는 역경 극복 처세술

정치 무대에서 꼭 필요한 것은 부끄러움을 가릴 수단이다. 자신의 약점이 드러나는 순간 상대는 득달같이 달려들어 물어뜯으려 한다. 하지만 자신이 먼저 그 취약한 부분을 드러내 공개하면 동정받을 수 있다. 때로는 이 부끄러운 부분이 자신의 존재를 부각시키는 요소가 되기도 한다.

백제에서
해가 지다

6부

'진인사대천명'이라고 했다.
인간으로서 해야 할 일을 다하고 하늘의 명을 기다린다는 뜻이다.
여기서 하늘의 명은 죽음을 가리킨다.
불세출의 기재도 죽음을 맞이하는 순간이 온다.
유비는 얼마나 의연하게 최후를 맞이할 수 있을까.

자기감정에 치우친 결정이
화를 부른다

　숙원을 이룬 유비는 곧바로 관우의 원수를 갚으려 했다. 도원에서 한 맹세 때문이기도 하지만 잇따른 승리로 자신의 무력을 과신하게 되었기 때문이다. 그때 충성스러운 조운이 반대하고 나섰다.

　"지금 조비가 한나라를 찬탈하니 부정하게 제위를 빼앗음에 하늘과 사람이 공분하고 있습니다. 폐하께서 군사를 일으켜 역적을 토벌한다면 관동關東의 의사義士들이 양식을 들고 말을 몰아올 것이고, 천하의 백성들도 소쿠리밥과 항아리국을 마련해 왕의 군대를 맞이할 것입니다. 만약 위를 놔두고 오를 친다면 쉽게 승부를 낼 수 없을 것이며 오히려 위가 이득을 보게 될 것입니다. 폐하께서는 깊이 살펴주십시오."

옳은 판단이었다. 조조는 '천자를 끼고 제후를 호령해' 도덕적 우위를 차지했으나, 조비는 한헌제를 겁박해 황위를 찬탈하며 스스로 도덕적 우위를 걷어냈다. 이로써 도덕적 우위는 유비에게 넘어갔다.

만약 위나라가 아직 기틀을 잡지 못한 틈을 타 유비가 역적을 토벌한다는 이유로 민심을 모은다면 매우 유리하겠지만, 반대로 촉과 오가 싸운다면 위는 두 호랑이가 싸우는 걸 구경하며 어부지리를 취할 상황이었다.

그러나 조운의 정확한 판단도 유비의 공감을 얻지는 못했다. 유비가 노해 외쳤다.

"손권은 짐의 형제를 죽였소. 내 그 고기를 씹고 그 일족을 멸할 것이오!"

조운이 말했다.

"천하의 일이 중하고 원수는 가벼운 것입니다! 부디 폐하께서는 깊이 살피소서!"

"짐이 아우의 복수를 못 하면 만리강산을 가진들 어찌 족히 귀하리요! 짐은 이미 뜻을 정했으니 경들은 더 말하지 마시오!"

형제의 정만 놓고 본다면 유비의 마음은 실로 고귀했다. 그러나 현재 그는 그저 관우의 의형이 아니었다. 이제 막 등극한 촉한의 황제이자 양천 만백성의 이익이 그에게 매여 있었다. 따라서 사직의 중함을 우선에 두어야 마땅하지 결코 관우 한 사람의 복수에 매달려서는 아니 되었다. 그런데 유비가 형제의 정을 우선에 두고 고집을 꺾지 않는다면 수많은 사람이 실망할 터였다.

사실 유비는 깊은 죄책감을 느끼고 있었다. 따지고 보면 관우의 죽음은 유비의 잘못된 결정 탓이었다.

첫째, 관우는 유비의 명에 따라 번성을 공격하며 잇달아 승리를 거두었다. 그렇다면 유비는 마땅히 곧바로 지원군을 보내 형주의 수비를 강화했어야 했다.

둘째, 당시 형세는 제갈량이 융중에서 묘사한 절호의 전략적 시기였다. 유비는 이미 한중을 가졌으므로 다시 농서隴西로 군대를 보내 관우와 서로 호응하게 했다면 군대의 위세가 더 커지고 전투의 성과도 더 뛰어났을 것이다.

셋째, 손권이 누이동생을 동오로 데려간 것은 오와 촉 사이의 갈등이 깊다는 반증이었다. 유비는 위나라를 진격하기 전에 동오가 배후를 노리지 못하도록 마땅히 동오와의 관계를 먼저 개선해야 했다.

이 세 가지 중 한 가지라도 실행했다면 관우는 죽지 않았을 것이다. 만약 이 세 가지를 다 했다면 유비는 중원 수복의 목표를 벌써 이뤘을지도 모른다. 그러나 유비는 자신의 짧은 재능과 식견에만 얽매여 한중을 차지했다는 기쁨에 취해 아무런 대비도 하지 않았다. 또 모사 제갈량도 법정의 견제를 받았기 때문에 유비를 위한 좋은 계책을 내놓지 못했다.

유비는 셀프 모니터링 능력이 출중한 사람이었다. 이미 관우 죽음의 전후 맥락을 다 파악하고 자기 과오를 자책하는 중이었다. 그래서 "짐이 아우의 복수를 못 하면 만리강산을 가진들 어찌 족히 귀하리요!"라는 천고에 남을 명언으로 죄책감을 덜어내려 한 것이다.

그렇다면 제갈량은 동오를 치겠다는 유비의 말을 어떻게 생각했을까? 조운에 견줄 바 없는 식견인데 제갈량은 왜 몰랐을까? 아니 왜 조운의 생각에 반박하지 않았을까?

여기에는 두 가지 이유가 있다.

하나는 제갈량 본인의 대계에서도 형주는 매우 중요한 기점이었다. 형주를 잃으면 '군사를 거느리고 남양南陽과 낙양洛陽으로 나갈' 수 없었다. 그래서 제갈량도 어서 형주를 되찾고 싶었다.

다른 하나는 제갈량의 형 제갈근이 동오에서 높은 자리에 있었다. 만약 제갈량이 동오 토벌에 반대한다면 형제의 정에 이끌려 나라의 대계를 망쳤다는 의심을 살 수 있었다. 즉 우려되는 바가 있어서 감히 나서질 못했다.

236

유비는 뜻을 정하자 군마를 조련하는 한편 낭중閬中을 지키는 장비에게 알렸다.

한편 장비도 관우가 참수당했다는 소식을 듣고 몹시 원통하고 가슴이 찢어질 듯해 당장에라도 군사를 일으키려 했다. 그러나 낭중이 요충지라서 함부로 자리를 이탈해서는 안 됨을 잘 알았다. 결국 날마다 술로 노기를 풀며 화가 치밀면 부하들에게 분풀이해댔다. 그렇게 걸핏하면 채찍질해대니 억울하게 죽은 자가 한둘이 아니었다. 유비의 사자가 도착하자 장비가 대뜸 물었다.

"내 형의 복수가 산처럼 무거운데 묘당의 중신들은 어째서 폐하께 빨리 군사를 일으켜 복수하자고 하지 않는 거요?"

사자가 당황해하며 말했다.

"여러 사람이 폐하께 먼저 위를 멸한 다음에 오를 토벌하자고 권했습니다."

기껏해야 조운 한 사람이 나섰을 뿐이었다. 그런데 이 사자가 무의식적으로 '여러 사람'이라고 한 것은 책임을 분산시켜 서슬 퍼런 장비의 기세에 맞서려 함이었다. 그러나 오히려 그 말이 장비의 격노를 불러일으켰다.

"그게 무슨 헛소리요! 지난날 우리는 도원에서 의형제를 맺을 때 생사를 함께하자고 맹세했소. 이제 둘째 형님이 죽임당했는데 내 어찌 홀로 부귀를 누리겠소! 내가 가서 천자를 만나 뵙고 앞 부대의 선봉에 설 것이오. 그리고 상복을 입고 오를 토벌하여 역적을 사로잡아 둘째 형님께 제사를 지내겠소."

장비는 사자를 따라 곧장 성도로 달려갔다.

한편 유비는 날마다 몸소 연무장에서 병마를 조련해 많은 공경公卿의 염려를 자아냈다. 이들은 하나둘 제갈량을 찾아가 유비에게 감정적으로 일을 행하지 말라 간언하라고 했다. 이에 제갈량은 문무백관을 데리고 연무장으로 가 유비를 만났다. 그러나 제갈량은 유비를 막을 자신이 없었다.

제갈량이 말했다.

"폐하께서 처음 보위에 오르셨는데 어찌 수고스럽게 친정을 하십니까? 만약 폐하께서 원수를 갚으려 하신다면 상장 한 사람에게 명해 오나라를 토벌케 해도 되지 않겠습니까?"

제갈량의 말을 듣고 난 유비는 마음이 흔들렸다. 바로 이때 장비가 성도에 당도했다.

장비는 유비를 보자마자 땅에 엎드려 아무 말 없이 통곡했다. 유비도 장비의 등을 쓸며 함께 통곡했다. 한참을 울고 난 장비가 쉰 목소리로 말했다.

"폐하, 임금이 되시더니 벌써 도원에서의 맹세를 잊으셨습니까? 둘째 형님의 원수를 어째서 아직도 갚지 않으시오?"

장비의 말이 폐부를 찔렀다.

사실 유비는 황금기를 맞아 잠시 관우의 복수를 늦추고 있었다. 그런데 장비가 이 점을 지적하자 다른 사람을 핑계 댔다.

"많은 사람이 간언해서 막으니 감히 경거망동할 수 없었다."

장비가 벌컥 성을 냈다.

"다른 사람들은 앉아 부귀만 누릴 줄 알지 어찌 지난날의 맹세를 알겠소? 만약 폐하께서 가지 않으신다면 제가 군사를 이끌고 가 둘째 형님의 원수를 갚겠습니다! 만약 원수를 갚지 못한다면 저 또한 폐하를 뵈러 오지 않을 것입니다!"

장비는 분명히 선을 그었다. 즉 유비, 관우, 장비를 긴밀한 소집단으로 묶었다. 관우가 이미 죽었으니 이제 이 소집단의 구성원은 유비와 장비뿐이었다. 원래 제갈량의 말에 마음이 흔들린 유비는 장비를 주장으로 세워 복수할 생각도 했다. 그런데 장비의 말은 다시 유비를 원점으로 되돌렸다.

"짐이 아우와 함께 가겠다!"

이는 도원의 맹세에 맞는 의리였다. 장비가 한 마디를 덧붙였다.

"지난날 생사를 함께하겠다고 맹세한 것은 천하가 다 아는 바입니다. 폐하께서는 천하 사람들의 웃음거리가 되지 마십시오!"

공개적인 약속일수록 구속력이 강해진다. 이제 유비는 어떠한 대가를 치르더라도 동오 토벌에 나서야 했다.

유비는 장비가 술에 취하면 부하들을 채찍질하는 버릇이 있음을 떠올리고 낭중에 돌아가면 그러지 말 것을 급히 당부했다. 그러나 분노에 잠긴 장비는 유비의 말을 새겨듣지 않았다.

낭중으로 돌아간 장비는 범강范疆과 장달張達을 시켜 흰 깃발과 흰 전포戰袍를 마련하게 했다. 범강과 장달은 기한이 너무 촉박하니 기한을 넉넉히 달라고 청했다.

그러나 격노한 장비가 크게 꾸짖었다.

"나는 복수하고자 내일이라도 당장 역적의 경계에 달려가지 못해 한스럽거늘 너희가 감히 내 명령을 거스르겠다는 것이냐!"

장비는 두 사람을 나무에 묶고 채찍질했다. 그래도 화가 풀리지 않은 장비가 말했다.

"만약 기한을 맞추지 못하면 네놈들의 머리를 벨 것이다!"

범강과 장달은 장비의 흉악한 모습과 결코 기한에 맞춰 흰 깃발과 흰 전포를 마련하지 못하리라는 두려움에 '반역'하고 말았다. 그날 밤 두 사람은 장비가 술에 취해 잠든 사이, 몰래 군영 장막에 들어가 장비의 목을 잘라 동오로 도망친 것이다.

범강과 장달은 장비가 두려워 목숨을 건 모험을 할 수밖에 없

240

었다. 일대의 명장이 전장에서 죽지 않고 제 못된 습관 탓에 침상에서 숨을 거뒀으니 참으로 애석하지 않을 수 없다.

또 다른 '수족'을 잃은 유비는 비통에 잠겼다. 도원에서 결의한 세 사람 중 남은 것은 자신뿐이었다. 누구에게도 책임을 미룰 수 없었다. 아쉽게도 유비는 장비가 피로써 남긴 교훈을 가슴에 새기지 못했다.

'관우의 죽음'과 '장비의 죽음'은 유비의 성격을 완전히 바꿔놓았다. 인내심 강하고, 너그럽고 굴복하지 않으며, 남의 충언에 귀를 기울였던 유비는 사라지고 없었다. 오직 거칠고 완고하고 제멋대로인 유비만 있을 뿐이었다.

◈ 시련을 기회로 바꾸는 역경 극복 처세술

사람은 대개 피를 보고 분노할 뿐 그 안에서 교훈을 얻지 못한다. 눈앞에 벌어진 상황을 보고 원인과 결과, 선과 후를 따져보지 못하고 그저 화만 낸다면 더 나아가지 못한다. 같은 일은 반복되고 비슷한 상황에서 같은 결정을 반복하게 된다. 침착하게 자신이 맞선 상황을 분석하고 문제의 원인을 바라봐야 한다.

의리에서 벗어나면
다른 올바름이 보인다

유비는 70만 대군을 거느리고 수륙 양면으로 동오를 향해 진
군했다.

출정하기 전, 학사 진밀秦宓이 하늘의 때가 맞지 않음을 이유
로 동오 토벌을 막았다. 유비의 이 출정은 사실상 하늘과 맞서
는 것이었다. 그런데 황위에 오른 유비는 하늘의 뜻을 믿어 의
심치 않았다. '화와 복이 함께 찾아오는' 저주로 두 아우를 잃은
충격으로 유비는 하늘을 향한 분노가 이만저만이 아니었다.

유비는 그동안 수십 년을 참아왔다. 헤아릴 수 없이 많은 고
난으로 정신이 깎여나갈 때도 가슴속에 차곡차곡 쌓인 울분을
제대로 터뜨린 적이 없었다.

그런데 마침내 천자가 되어 궁극적 목표를 이루니 더 이상 참을 수 없었고 참고 싶지도 않았다.

유비는 늘 자신을 특별히 아끼면서도 끊임없이 시련을 준 하늘에 도전해 수십 년 동안 쌓인 울분을 풀 작정이었다. 평생 한 번도 순간의 통쾌함을 바란 적이 없으나 이번에는 제멋대로 날뛰어 볼 생각이었다.

한편 동오는 난리가 났다. 유비가 대군을 이끌고 밀고 들어오는 것은 지난날 조조의 백만 대군이 남하했던 것과 다를 바 없었다. 손권은 본능적으로 두려움을 느꼈다. 큰일을 감당할 주유와 노숙은 이미 이 세상 사람이 아니었고 형주를 빼앗은 여몽도 죽어 당장 쓸 인재가 없었다. 그래서 먼저 제갈근을 보내 유비를 설득하게 했다.

그러나 유비는 대화가 아니라 무력 충돌을 원했다. 이를 황권이 말렸다.

"폐하, 일단 제갈근의 말을 한번 들어보시면서 동오의 동향을 파악해 보시지요. 할 말이 있다면 그를 통해 손권에게 전해도 될 것입니다."

유비는 제갈근을 만났다. 제갈근의 주된 임무는 관우의 죽음에 손권이 개입하지 않았음을 보이는 것이었다. 그가 내놓은 이유는 이러했다.

첫째, 손권이 먼저 관우에게 양가의 혼인을 청했으나 관우에게 멸시만 당했다. 동오의 주장인 여몽도 여러 번 모욕을 당했다. 이 때문에 손권이 심히 언짢았다.

둘째, 관우가 형양을 공략하자 조조가 여러 번 천자의 이름으로 손권에게 관우의 뒤를 치라고 명했다. 이에 손권은 원하지 않았으나 여몽이 제멋대로 군사를 일으켜 형주를 취했다. 이는 여몽의 죄이지 손권의 과실이 아니다.

다시 말해 관우의 죽음은 그 자신의 오만한 성정 탓도 있고, 동오와 관련된 일은 모두 여몽의 독단이 부른 화이지 손권과는 별 관계가 없다는 의미였다. 여몽이 죽었으니 모든 책임을 그에게 돌린 것이다.

여기에 더해 제갈근은 유비를 달랠 보상도 내놓았다.

첫째, 손부인은 유비를 몹시 그리워하며 다시 만날 수 있기를 바라고 있다. 이는 부부의 정을 이용해 유비의 마음을 돌리려는 수였다. 일단 손부인이 유비 곁으로 돌아간다면 동오와 촉한의 관계는 다시 예전처럼 좋아질 터였다.

둘째, 동오는 형주를 유비에게 돌려줄 것이다. 이는 영토로 유비를 달래고자 하는 동오의 최대한 성의였다. 사실 형주의 귀속 문제가 오촉 갈등의 근원이었다.

셋째, 관우를 배신한 미방과 부사인 그리고 장비를 죽인 범강과 장달을 유비에게 인도한다. 이는 복수할 대상을 내주어 유비를 달래려는 수였다.

손권은 최대한의 성의를 보이며 최상의 선물을 건넨 셈이다. 피 한 방울 흘리지 않고 이득을 보는 것은 굉장히 수지가 맞는 일이다. 그러나 문제는 유비의 목적이었다. 유비는 복수하러 온 것이지 장사하러 온 것이 아니었다. 동오가 내놓는 조건이 아무리 좋아도 관우와 장비를 되살릴 수는 없었다. 생사를 함께하기로 한 도원의 맹세를 어떤 물질적 이익과 맞바꿀 수 있겠는가. 유비가 대번에 낯빛을 바꿨다.

"너희는 관우를 죽여 내 사지를 폐했으면서 어찌 감히 교언영색으로 이런저런 말을 지껄이느냐!"

이 방법이 통하지 않자 제갈근은 급히 다른 수를 꺼냈다.

"폐하는 한실의 황숙이십니다. 지금 조비가 한의 황위를 찬탈하였는데 어찌하여 의병을 일으키지 않고 성씨가 다른 형제를 위해 몸소 대군을 이끌고 험한 산천을 넘어오십니까? 이는 대의를 버리고 소의를 취함이니 폐하께서는 깊이 살피소서!"

제갈근은 관련자들의 신분을 가지고 설득했다.

사람은 관계 속에서 저마다 다른 신분을 가지고 있다. 신분에 따라 가치관과 책임, 추구하는 이익도 다르다. 제갈근은 유비가 한나라의 황숙임을 강조했다. 황숙인 유비는 군사를 일으

커 역적을 토벌하고 한실을 부흥시킬 책임이 있었다. 반면 관우는 유비의 의형제일 뿐이다. 피 한 방울 섞이지 않은 형제를 복수하는 것도 유비 개인이 마땅히 져야 할 책임이다. 그러나 일반적으로 비교하면 혈연관계인 한황실의 계승이 훨씬 더 중요했다. 그래서 제갈근은 대의와 소의를 가지고 유비를 설득하려 했다.

그러나 유비는 계속 형제의 신분으로 문제를 보고 있었다. 그에게는 형제 관계가 가장 중했고 가장 큰 의義였다. 형제 관계의 의를 뛰어넘는 의는 세상에 없었다.

한마디로 유비는 이성을 잃은 지 오래였다. 제갈근이 아무리 이치에 맞는 말을 해도 헛소리에 불과했다. 촉한 내에서도 조운이 이 이치로 유비를 말린 적이 있었지만, 그의 말도 듣지 않았는데 어찌 제갈근의 말을 듣겠는가?

동오가 숙이고 들어올수록 유비의 전쟁 욕구는 더욱 커져만 갔다. 유비는 더 이상 제갈근의 허튼소리를 듣고 싶지 않았다.

"내 형제를 죽인 원수와는 같은 하늘 아래에 살 수 없다! 짐이 군사를 물리기를 원한다면, 내가 죽기를 기다려야 할 것이다! 썩 물러가라! 오늘 네 아우의 체면을 생각지 않았다면 너부터 목을 베었을 것이다! 일단 너를 놓아줄 테니 손권에게 목을 잘 씻고 죽을 날만 기다리라고 전해라!"

신분으로도 유비를 설득하지 못한 제갈근은 낭패한 채 돌아가 손권에게 사실대로 고했다. 유비의 험악한 기세에 손권의 걱정은 태산 같았다.

　이때 중대부中大夫 조자趙咨가 꾀를 냈다.

　"주공, 제가 허도에 가서 위의 천자 조비를 만나 이해관계로 설명하고 조비가 군사를 일으켜 한중을 기습하게 하겠습니다. 그러면 유비는 후방을 잃을까 두려워 군사를 물릴 것입니다."

　손권은 크게 기뻐하자 조자가 말을 이었다.

　"그런데 이 방법이 좋기는 한데 주공께서 굴욕을 감수하셔야 합니다."

　조자는 조비에게 고개를 숙이라고 말했다. 그러지 않으면 조비는 동오를 돕기 위해 촉을 공격하지 않을 거란 말이었다. 손권은 잠시 망설이다 조자의 말에 따랐다. 조비에게 신하가 되어 고개를 숙이자니 체면이 말이 아니었으나 온 강산은 물론이고 목숨까지 잃는 것보다는 나았다. 이는 손권이 늘 추구해 온 실용주의 태도였다.

　조자는 때를 잘 맞췄다. 황위를 찬탈한 지 얼마 되지 않은 조비는 천하의 인정이 절실했다. 그가 가장 보고 싶어 한 광경은 멀리 있는 세력이 귀순하는 것이었다.

　관우의 지원군 요청을 외면했던 촉한의 맹달은 유비에게 문

책당할까 두려워 촉을 버리고 위에 투항했다. 조조는 매우 기뻐하며 맹달을 후대해 종종 같은 수레를 타고 같은 상에서 밥을 먹었다. 맹달이 대단해서가 아니라 조조가 바라는 바와 맞았기 때문이다.

그런데 이번에 조자가 동오의 손권을 대신해 표를 올리고 귀순을 청했다. 이는 맹달의 투항과는 차원이 달랐다. 조비는 천자로서 손권이 올린 표를 받아들여 오왕에 봉하고, 공로가 큰 제후와 대신에게 하사하던 아홉 가지 물품 구석九錫을 하사했다.

그때 대부大夫 유엽劉曄은 동오가 순수한 목적이 아니라 상황이 다급하여 궁여지책으로 귀순한 것임을 간파하고, 손권이 더 큰 욕심을 부리지 않도록 조비에게 왕에 봉하면 안 된다고 했다. 그러나 조비는 손권보다 훨씬 더 교활했다. 조비가 유엽에게 말했다.

"이는 그저 손권을 안심시키려고 내린 이름뿐인 작위요. 그러면 손권이 전심전력으로 유비와 싸울 게 아니요. 오와 촉이 싸우면 짐은 오도 돕지 않고 촉도 돕지 않을 것이오. 한 나라가 망하고 한 나라만 남았을 때 짐이 그를 없앤다면 일거양득이 아니겠소?"

삼국이 각축을 벌이는 와중에 유비의 상대들은 모두 상황에 따라 능수능란하게 태도를 바꿨다. 하지만 오직 유비만 복수심에 빠져 상황에 능동적으로 대처하지 못했다. 조비와 손권의 대응은 모두 정치적 이익을 고려한 움직임이었다. 그러나 유비는 형제의 도의에 따라 움직였다. 이 점에서 보자면 유비는 의리 있는 좋은 형이지만 결코 탁월한 정치가는 아니었다.

◈ 시련을 기회로 바꾸는 역경 극복 처세술

의리로 일을 처리하는 것은 감정적으로 일을 처리하는 것과 같다. 이미 관계가 의리로 연결되어 있어 옳든 그르든 상대와 한 편이 되어야 한다. 아니면 족쇄처럼 묶여 상황 판단을 할 수 없고 그저 상대를 위한 일을 하게 된다. 이는 진정한 의리가 아니다.

자기 과신은
자기 몰락으로 이어진다

유비군은 파죽지세로 동오를 몰아붙여 연전연승을 거두었다. 이때 동오 내부에 미묘한 변화가 생겼다.

외부로부터 심각한 압박을 받는 조직은 두 가지 모습을 보인다. 하나는 내부 갈등은 접어두고 일치단결해 함께 외부의 적에 맞서지만, 다른 하나는 각자 자기 살 궁리만 하며 사분오열하는 것이다.

동오는 후자였다. 이는 유비에게 희소식이었지만, 세상일에는 양면성이 있게 마련이라 유비는 자만에 빠져버렸다.

동오 내부의 변화는 손권이 유화책을 취한 탓이다. 손권은 먼저 제갈근을 유비에게 보내 화해를 청한 뒤 조자를 조비에게 보내 귀순 의사를 밝혔다. 이런 굴욕적인 방법은 성과를 내기 전까지는 조직 내부의 와해를 부른다. 손권을 의심하는 자들이 생겼는데 특히 이해관계에 쉽게 휘둘리는 자들이었다.

믿음이 부족해지면 신념은 흔들리게 마련이다. 당초 동오의 투항을 권유받은 촉장 미방과 부사인이 가장 먼저 동요했다. 그들은 유비의 무시무시한 기세에 동오가 질 것 같자 다시 촉에 투항할 생각을 했다.

미방은 유비의 부인이었던 미부인의 오라비였다. 유비는 정을 중시하는 사람이니 자신은 살려주리라 믿었다.

미방과 부사인은 직접 관우를 사로잡은 마충馬忠을 죽여 자기들의 죄를 털고자 했다. 미방과 부사인은 마충의 수급을 들고 촉군 진영으로 돌아가 여몽의 계략에 속아 어쩔 수 없이 투항했다고 하소연했다. 그러나 유비는 두 사람이 촉군의 기세가 무서워 투항했다고 보고 사지를 갈기갈기 찢어 관우의 영전에 바쳐 제사를 지냈다.

이에 동오는 더욱 공포에 질렸다. 더는 유비를 상식적으로 이해하기 힘들었다.

손권은 다급히 모사들을 불러 상의했다. 이때 보즐步騭이 의견을 냈다.

"유비가 원한을 품은 것은 여몽, 반장潘璋, 마충, 미방, 부사인입니다. 관우가 이들 손에 죽었기 때문이지요. 이제 이들은 모두 죽고 없으나 아직 장비를 죽인 범강과 장달이 우리 손에 있습니다. 이 둘을 사로잡아 장비의 수급과 함께 유비에게 보내면 유비의 분노가 잦아들지 않을까 생각됩니다. 그런 다음 손부인도 돌려보내고 형주를 넘긴 뒤 양가가 다시 힘을 합쳐 위나라를 도모하는 건 어떨지요."

보즐은 유비의 기세에 완전히 겁에 질려 제정신이 아니었다. 그러나 달리 방도가 없던 손권은 보즐의 말에 따랐다. 그는 대부 정병程秉을 사자로 삼아 침향목갑에 장비의 수급을 담고 범강과 장달을 묶어 유비에게 보냈다.

유비는 미방과 부사인에게 했던 대로 범강과 장달을 갈가리 찢어 죽여 장비의 영전에 바치고 제사를 지냈다. 그러나 동오가 제시한 손부인 송환, 형주 반환, 강화 체결의 요구는 받아들이지 않았다.

유비가 상황을 냉정하게 판단했다면 동오가 할 수 있는 모든 일을 했음을 알았을 것이다. 또한 동오의 조건을 받아들이는 것이 촉한에게도 아주 이로운 일이었다. 형주를 되찾고 동오를 압도하게 될 것이며, 향후 오촉 연맹에서 발언권도 세져 위나라를 도모하는 과정을 주도했을 터였다. 그리고 위나라를 격파하고 다시 동오를 상대할 때도 우위를 점할 게 분명했다. 그러면 유비가 한실을 부흥시키는 위대한 청사진을 실현하고 청사에 길이 이름을 남길 수 있었다.

종군참모 마량은 이를 알고 유비에게 간언했다.

"이제 원수들은 모두 죽었고 관우와 장비의 원수도 갚았습니다. 폐하께서 동오의 화해 요청을 받아들이시어 혈육의 정을 맺은 뒤 위나라를 토벌하는 것이야말로 상책이옵니다."

그러나 유비는 복수에 눈이 먼 데다 동오가 납작 엎드리는 꼴이 마음에 들어 철군할 생각이 없었다.

"짐의 원수는 바로 손권이오! 내 그의 살을 씹어 먹고 그의 피를 마시지 못함이 한스럽소! 만약 지금 동오와 화해한다면 도원의 맹세를 저버리는 셈이오. 짐은 반드시 먼저 동오를 멸하고 다시 위를 멸해 천하를 통일할 것이오!"

말을 마친 유비는 동오의 사자 정병을 참수해 정을 끊었음을 보이려 했다. 다행히 마량이 말린 덕에 간신히 목숨을 부지한 정병은 머리를 감싸고 도망쳐 손권에게 보고했다.

복수심과 오만함에 빠진 유비는 오나라를 멸하고 손권의 살을 먹고 피를 마시겠다면서 막다른 곳으로 밀어 넣었다. 사실 유비는 장비가 어떻게 죽었는지 잊고 있었다.

장비를 죽인 것은 사실 범강과 장달이 아니었다.

범강과 장달은 장비를 보면 고양이 앞의 쥐처럼 벌벌 떨었다. 장비가 그들을 사지로 몰아넣지 않았다면 결코 장비를 죽일 수 없었다. 그러니 장비를 죽인 것은 바로 장비 자신이다.

유비는 장비에게 너무 냉혹하고 박덕하게 부하를 몰아붙이지 말라고 경고했었다. 이는 적을 상대할 때도 마찬가지다. 궁지에 몰린 쥐가 고양이를 물 듯 사지에 몰린 적은 죽기 살기로 덤비게 마련이다.

유비는 장비가 목숨으로 검증한 이 교훈을 깨닫지 못했다. 그래서 자기감정에 취해 위세를 부리며 손권을 물러날 수 없는 사지로 몰아갔다. 손권은 정병의 보고를 듣고 결국 싸우기로 결심했다. 그렇다면 누가 전쟁을 지휘할 것인가?

대부 감택闞澤이 육손을 추천했다.

관우가 패해 죽은 것은 육손의 계책 때문이었다. 그 당시 형주는 방어선을 단단히 구축하고 있었다. 이때 무명의 육손이 계책을 내 형주 방어선과 맞닿은 육구陸口를 지키는 역할을 자신에게 양보해달라고 여몽을 설득했다.

육손은 여몽의 자리에 부임하자마자 관우에게 비굴할 정도로 겸손한 안부 서신을 썼다. 육손을 얕잡아본 관우는 방심하여 형주 주력군을 양번襄樊(양양과 번성) 전선에 투입했다. 이에 형주가 비자 여몽은 평범한 백성인 것처럼 흰옷을 입고 강을 건넌 후 손쉽게 형주를 취했다.

동오가 형주를 되찾은 공은 다 여몽에게 돌아갔다. 손권은 그런 육손을 까맣고 잊고 있었다. 그런데 나라가 위태로워지자 다시 그의 이름이 언급되었다. 그러나 동오의 중신 장소, 고옹顧雍, 보즐이 반대했다. 이들은 육손을 얕잡아봤다. 그러나 지금 동오에는 육손 말고는 전쟁을 치를 사람이 없었다. 감택이 다시 형주의 일을 언급하고 가족의 목숨까지 걸자 손권도 육손을 대도독으로 임명했다.

이 소식이 전해지자 유비는 마량에게 육손에 대해 물었다. 마량이 답했다.

"육손은 강동의 일개 서생으로 나이는 어리나 재주가 뛰어나고 지모가 매우 뛰어납니다. 이전에 형주를 습격한 것도 다 이 사람의 간계였습니다."

그 말에 유비는 원수가 아직 남아있음에 크게 노했다.

"새파란 놈이 짐의 아우를 죽이다니, 내 반드시 그를 갈기갈기 찢어 죽일 것이오!"

그러고는 곧바로 진격했다.

사실 유비가 육손의 머리를 내놓으면 철군하겠다고 했다면, 손권은 얼씨구나 하고 건네줬을 것이다. 육손만 제거하면 동오는 끝이었다.

마량이 급히 말렸다.

"폐하, 육손의 재주는 주유 못지않으니 적을 가벼이 여기면 아니 됩니다."

유비가 크게 노해 외쳤다.

"짐이 군사를 부린 지 오래인데 젖내 나는 애송이보다 못하겠소? 더는 말하지 마시오. 짐이 그를 사로잡아 아우의 복수를 할 것이오!"

관우도 육손의 '약한 척'에 속아 적을 얕보다가 형주를 잃었다. 관우도 장비처럼 자기 생명을 대가로 유비에게 교훈을 주었다. 그러나 안타깝게도 유비는 이를 깨닫지 못했다.

교훈은 쉽게 잊으면 안 된다. 남이 알려준 교훈을 잊으면 그 교훈은 바닥을 알 수 없는 함정이 된다. 유비가 이 교훈을 잊은 대가는 무엇일까?

◈ 시련을 기회로 바꾸는 역경 극복 처세술

너무 쉽게 얻은 만족은 유혹의 다른 이름이다. 자기 능력을 과신하게 되고 오만과 교만에 빠지게 된다. 이는 치명적인 유혹이 되어 결국 파국으로 내몰린다. 쉽게 이룬 결과라면 그 원인이 자기 능력보다 상대의 허점에서 기인한 것일 수 있다. 더욱 차분하게 대응해야 한다.

영웅도 죽음을
피할 수 없다

유비가 싸움을 걸며 온갖 욕을 퍼부어도 육손은 굳게 지킬 뿐 나가서 싸우지 않았다. 그렇게 몇 달이 지나고 계절이 봄에서 여름으로 바뀌자 유비는 초조하고 불안해졌다. 이에 마량이 말했다.

"육손은 지략이 뛰어난 자입니다. 그가 문을 걸어 잠그고 싸우지 않는 것은 틀림없이 우리 군의 변화를 기다리는 것입니다. 폐하께서 이곳에서 이미 몇 달째 맞서고만 있으니 육손에게 다른 계략이 있음을 경계하셔야 합니다."

그러나 유비는 육손이 무능하여 출전하지 못하는 것이라고 여겨 코웃음을 쳤다.

"그에게 무슨 계략이 있겠소? 두려워서 그러는 것이지 어디 감히 짐과 싸우겠소?"

이때 선봉장 풍습馮習이 군사들의 물을 구하기 위해 대책을 물었다. 유비가 물을 구하고 더위도 피할 겸 수풀이 무성하고 계곡물이 가까운 곳으로 영채를 옮겼다가 가을에 되면 다시 진격한다고 말했다.

마량은 유비의 대처가 옳지 않다고 여겨 거듭 간언했으나 유비는 귓등으로도 듣지 않았다. 이에 다시 완곡하게 간했다.

"폐하, 어찌 각 영채를 옮길 땅을 도면으로 그려 승상께 여쭤보지 않으십니까?"

그러나 유비의 태도는 여전했다.

"짐도 병법에 능숙한데 굳이 승상에게 다시 물어야 하오?"

서천을 공략한 것부터 조조를 물리치고 한중을 얻고, 동오까지 들어와 파죽지세로 적을 몰아붙인 전적이 유비를 자만심에 빠지게 했다. 제갈량을 얻기 전까지 얼마나 많은 패전을 겪었는지는 잊은 지 오래였다.

그러나 마량은 포기하지 않고 좋은 말로 달랬다.

"두루 의견을 들으면 밝게 되지만, 치우쳐 들으면 어둡게 된다고 했습니다. 폐하께서 깊이 살펴주십시오."

유비가 말했다.

"영채를 그리고 싶으면 그대가 가서 그리시오. 다 그리면 직접 승상에게 가서 물어보시오. 만약 잘못된 점이 있다면 어서 돌아와 알리시오."

마량은 무려 7백 리에 달하는 사십여 개의 영채를 도면으로 그렸다. 그때 위나라의 세작도 같은 일을 했다. 위나라의 조비는 유비군의 진영을 보고 대번에 문제를 파악했다.

"유비는 참으로 병법을 모르는구나. 어찌 7백 리에 걸쳐 영채를 세우고 적을 물리칠 수 있겠는가? 초목이 무성한 곳, 높고 평탄한 곳, 낮고 습한 곳, 지세가 험준한 곳, 움직이기 어려운 곳에 영채를 세우는 것은 병가의 금기이거늘. 아무래도 유비가 육손의 손에 죽겠구나!"

조비의 부친 조조는 탁월한 군사전략가였다. 조비는 어려서부터 보고 들은 바가 많아 이런 판단을 내렸다. 조비는 촉의 패배를 예상하고 동오를 공격할 준비를 했다.

한편 마량은 유비군 배치도 도면을 제갈량에게 바쳤다. 제갈량은 도면을 보자마자 소리쳤다.

"누가 폐하께 이리하라 했소? 그 사람을 반드시 참하시오!"

그러자 마량이 한숨을 내쉬며 말했다.

"주상의 생각이지 다른 사람의 계책이 아닙니다."

제갈량은 장탄식하며 말했다.

"한나라 왕조의 기운이 다했구나!"

마량이 놀라 그 까닭을 물었다. 제갈량이 말했다.

"7백 리에 걸쳐 영채를 세우다니, 육손이 화공을 쓸까 두렵지 않단 말이오? 육손이 굳게 지키고 나오지 않음은 바로 이때를 기다린 것이오. 여러 말 할 것 없이 어서 돌아가 폐하께 절대로 이리 군사를 두면 안 된다고 알리시오!"

마량이 황급히 돌아갔으나 너무 늦고 말았다.

육손이 제갈량의 예상대로 7백 리 영채를 불태워 버린 뒤였다. 역사는 이 전투를 '이릉대전夷陵大戰'이라 부른다. 이릉대전은 적벽대전과 마찬가지로 적은 수로 많은 적을 이긴 대표적인 전투다. 이 전쟁으로 육손은 천하에 이름을 떨쳤으며 누구도 다시는 그를 무명 소졸이라고 얕보지 못했다. 훗날 육손은 동오의 대승상 자리까지 올랐다.

유비는 인생을 통틀어 최악의 패배를 당했다. 부하들이 죽기 살기로 포위망을 뚫은 덕에 가까스로 장강 근처의 작은 백제성으로 도망쳤다. 그러나 70만을 헤아리던 대군은 모조리 불길에 휩싸여 타죽어 버렸고, 한평생 전장을 누볐던 그의 영명함도 사그라진 70만의 목숨처럼 불타 스러지고 말았다.

누군가의 전설은 다른 누군가의 비극이다. 육손은 유비의 비통한 심정을 즈려밟고 자신의 전설을 써나갔다. 만약 조비가 군사를 일으켜 동오를 습격하지 않았다면 유비는 오군의 추격에 목숨까지 잃었을 것이다. 위나라가 쳐들어오자 앞뒤로 적을 상대하는 데 부담을 느낀 육손은 추격을 멈추었다.

유비는 두 형제의 죽음에서 교훈을 얻지 못하고 아집을 부리다가 최악의 결과를 맞이했다. 아무런 성과도 거두지 못하고 촉한의 정예군만 잃었다. 유비는 생각할수록 후회스럽고 수치스러운 마음에 차마 성도로 돌아갈 수 없어서 계속 백제성에 머물렀다.

마음을 추스르던 유비에게 또 다른 비보가 날아들었다. 강북을 지키던 황권이 퇴로가 끊기자 위나라에 투항했다는 소식이었다. 황권은 적에게 투항한 것이므로 군법에 따라 촉에 남은 가족은 참수형에 처해야 했다. 아무리 사소한 원한도 용서하지 않고 다 보복했던 이 시기 유비의 행태를 생각하면 황권의 가족은 다 죽은 목숨이었다. 그런데 유비는 그저 한숨을 쉬더니 생각지도 못한 반응을 보였다.

"황권은 어쩔 수 없이 위나라에 투항한 것이오. 짐이 그를 저버린 것이지 그가 짐을 저버린 것이 아닌데 어찌 그의 가족에게 죄를 묻겠소?"

이 사람이 그 유비가 맞나? 갑자기 무슨 바람이 분 것일까? 아니면 그 옛날의 어질고 너그럽던 유비로 돌아간 것인가?

아니다. 지금 유비를 지배하는 심리는 '학습된 무기력learned helplessness'이었다. 아무리 노력해도 안 좋은 상황을 개선할 수 없을 때 사람은 절망으로 무덤덤해지며 그저 참고 견디려고만 한다.

미국 심리학자 마틴 셀리그만Martin Seligman은 개를 대상으로 전기 충격을 실험하다가 '학습된 무기력' 반응을 발견했다. 개는 도약하거나 숨어도 전기 충격을 피할 수 없음을 깨닫고 더는 충격을 피하려 노력하지 않았다. 훗날 셀리그만은 사람에게서도 같은 현상을 발견하고 실험을 통해 학습된 무기력 상태를 만들어냈다.

셀리그만은 대학생들을 세 그룹으로 나누었다. 첫 번째 그룹은 소음에 노출되었으나 이를 통제할 방법이 없었다. 두 번째 그룹은 소음에 노출되었으나 노력을 통해 소음을 통제할 수 있었다. 대조군인 세 번째 그룹은 소음에 노출되지 않았다.

이 실험 과정에서 첫 번째 그룹은 학습된 무기력 상태에 빠졌다. 셀리그만은 이어 두 번째 '셔틀박스' 실험을 했다. 손가락을 셔틀박스 한쪽에 놓으면 강한 소음이 들리지만 다른 쪽에 놓으면 소음이 들리지 않는 장치였다.

실험 결과, 첫 실험에서 '노력을 통해 소음을 통제할 수 있었던 그룹'과 '아예 소음에 노출된 적이 없는 대조군'은 손가락을 상자의 다른 쪽으로 옮겨 소음을 멈추는 방법을 금세 찾아냈다. 그러나 '노력해도 소음을 통제할 수 없었던 그룹'은 귀에 거슬리는 소음이 들려도 손가락을 상자의 다른 쪽으로 옮기려 시도하지 않고 가만히 있었다.

학습된 무기력은 일종의 '의지력 결핍증'이다. 대개 많이 실패하면 의지력이 약해진다. 유비는 횟수를 헤아리는 것이 무의미할 정도로 많은 실패를 겪었다. 그러나 아무리 실패해도 미래를 낙관하며 여유롭게 다시 일어섰다. 그러나 이릉대전은 그와 하늘의 대결이었다. 인간의 몸으로 하늘에 맞섰다가 참패한 유비는 모든 용기를 잃고 자신의 한계를 깨달은 것이다.

지금껏 아무리 참담한 실패를 겪어도 타인과 하늘을 원망한 적은 없었기에 다시금 떨치고 일어날 수 있었다. 그러나 이번 실패를 곱씹은 유비는 결론을 내렸다.

'내가 풋내기 육손에게 패해 모욕을 당한 것은 하늘의 뜻이 아니겠는가!'

유비는 육손이 자신을 이긴 것은 자신의 자만심과 방심 때문이 아니라 그저 그가 운이 좋아서일 뿐이라고 생각했다. 하늘의 뜻이 육손에게 있었다는 것이다.

한때 자신을 총애했던 하늘이 이제 자신을 패하게 할 생각이며 하늘의 뜻은 바꿀 수 없다는 경고는 단 한 번만으로 유비를

'학습된 무기력'에 빠뜨렸다. 낙담한 유비는 점점 쇠약해졌다.

생각해 보면 당연하다. 이때 유비는 이미 예순셋의 노인이었다. 나이 들어 웅대한 야망이 사라지니 영웅도 죽음을 피할 수 없었다. 한 몸 같던 관우와 장비는 먼저 황천길에 들었고 그와 함께 세상을 쥐락펴락했던 조조, 원소, 공손찬, 여포 등 호걸들도 세상을 떠난 지 오래다. 파란만장했던 삶을 돌아보니 이미 꿈을 다 이뤘다고 생각했는데 이제야 겨우 반을 이뤘음을 깨달았다. 그러나 하늘은 더 이상의 시간을 주지 않으려 했다.

그러나 막상 세상을 떠나려니 마음에 걸리는 일이 있었다. 이는 그가 떠나기 전에 반드시 해결해야 할 마지막 과제였다.

◆ 시련을 기회로 바꾸는 역경 극복 처세술

누군가의 전설은 다른 누군가의 비극이다. 이는 인간사의 진리이다. 역사 속 인물들의 흥망성쇠를 보면 모두 그랬다. 현재까지 반복되고 있으며 앞으로도 계속 이어질 것이다.

한 번 무너진 신뢰는
원상복구가 불가능하다

죽음을 앞둔 유비의 머릿속에는 오직 '탁고托孤'뿐이었다. 유비가 쌓아온 많은 것들이 불길과 함께 사라졌으나 아직 양천이 남아있었다. 지키기는 쉽고 공략은 어려운 양천은 평생 쉬지 않고 분투한 유비가 그나마 남긴 기반이었다. 유비는 자신이 떠나고 난 뒤를 준비할 수밖에 없었다.

유비의 아들 아두는 이때 열일곱이었으나 여전히 어리석고 철이 없었다. 사실 유비는 아두가 영 마음에 들지 않았고 도통 미덥지 않았다. 그러나 다른 선택지가 없었다. 유비 평생의 맞수 조조는 스무 명이 넘는 아들을 두었는데 그중 상당수가 출중한 문무를 겸비해 이름 높았다. 그래서 조조는 옥석을 가릴 것도 없이 하나같이 뛰어난 옥 중에서 더 나은 옥을 고르느라 골머리를 앓았다. 그런데 유비는 슬하에 아들이 셋뿐이었다. 아두 외에, 촉에 들어간 이후 부인에게서 두 아들을 얻었지만 너무 어렸기에 큰일을 맡길 수 없었다.

게다가 유비는 여전히 아두에게 미안했다. 기반이 불안정했던 탓에 아두도 여기저기 떠돌며 고생을 많이 했다. 그래서 아들의 교육을 제대로 신경 쓰지 못했다.

어차피 아두가 후계자라면, 또 그 아두가 큰일을 맡을 만한 재주가 없다면 반드시 아두를 보필할 수 있는 강력한 후견인을 세워야 했다.

제갈량은 이 일을 맡을 최적의 인물이자 유일한 인물이었다. 다만 그의 남다른 통제욕을 생각하면 가슴 한편이 서늘해졌다. 아두의 그릇으로는 제갈량을 제어할 수 없을 것이다. 결국 촉한의 군권과 정권은 제갈량의 손에 떨어지고 아두는 그야말로 꼭두각시가 될 게 뻔했다. 그 꼴은 도저히 용납할 수 없었다. 유비는 아들을 부탁할 지혜를 짜냈다.

이전에 탁고를 겪으면서 유비는 느낀 바가 컸다. 병환이 깊어진 형주의 유표가 그에게 남겨질 자식을 부탁했다.

"현제, 내 병이 위중하여 이제 그대에게 남겨질 자식을 부탁하고자 하오. 내 아들은 무능하니 내가 죽고 나면 현제가 대리

266

해 주시오."

그 말에 유비가 느낀 심적 부담은 굉장했다.

유비는 이 말에 담긴 오묘한 속뜻을 계속 곱씹다가 방법을 생각해 냈다.

어느 날, 죽음이 멀지 않았음을 직감한 유비는 더 머뭇거릴 시간이 없었다. 유비는 태자 유선은 성도를 지키고 승상 제갈량, 상서령 이엄李嚴, 유비의 나머지 두 아들 유영劉永과 유리劉理는 어서 백제성으로 오라는 명을 내렸다.

제갈량은 유비의 죽음이 임박했음을 깨달았다.

유비에 대한 제갈량의 심정도 적잖이 복잡했다. 유비는 분명히 그를 알아봐 주고 삼고초려를 했으며 재주를 펼칠 무대를 마련해 주었다. 그러나 유비의 끊임없는 견제는 제갈량을 질리게 했다. 이번에 유비가 이릉에서 참패했다는 소식이 전해지자 제갈량이 말했다.

"법효직法孝直(법정)이 살아있었다면 능히 주상을 제지해 동쪽으로 가지 않게 했을 것이다. 동쪽으로 갔더라도 위태롭지는 않았을 것이다."

이 말은 법정이 살아있었다면 유비가 동오 원정을 못 가게 말렸을 것이고, 설령 갔더라도 이토록 참담한 실패를 겪지는 않았을 것이라는 뜻이다. 제갈량은 이 말을 통해 유비가 법정을 더 높이 샀으며 자신의 지위가 그만 못 함을 알아차렸다. 유비가 가장 신임한 사람이 제갈량이 아니었던 것은 틀림없다. 그러나 결국 역사의 중책은 제갈량이 맡을 수밖에 없었다. 유비가 선택할 사람이 그뿐이었기 때문이다.

제갈량은 불안한 마음으로 유비를 만나러 갔다. 병석에 누운 유비는 이미 숨이 간들간들했다. 제갈량을 보고 억지로 몸을 일으킨 유비는 제갈량을 용탑 위로 불렀다. 유비는 힘없는 손으로 제갈량의 등을 가만히 쓰다듬었다. 그 순간, 제갈량은 막 출사했을 때 군신끼리 '한 상에서 먹고 한 침상에서 잠들던' 정겨운 느낌이 떠올라 눈가가 젖어 들었다.

유비가 회한이 가득한 목소리로 말했다.

"짐이 승상을 얻고 제왕의 대업을 이루었소. 그런데 계책이 얕고 비루한데도 승상의 귀한 말을 듣지 않아 스스로 욕을 당하고 패할 줄 어찌 알았겠소. 짐이 성도로 돌아가 승상을 만날 낯이 없었소. 이제 짐의 병세가 위중하여 어쩔 수 없이 대사를 부탁하러 승상을 불렀소."

제갈량이 출사한 뒤로 유비와 아침저녁으로 만난 지 어언 16년이었으니 그 감정이 깊지 않을 수 없었다. 그런 유비가 죽음을 앞둔 모습을 보니 눈물을 참을 수 없었다.

"부디 천하의 바람에 부응하시어 용체를 보존하소서!"

유비가 길게 탄식하고는 말을 꺼내려고 했다. 그러다가 문득 마량의 아우 마속馬謖이 곁에 있는 것을 보고 제갈량을 제외한 나머지는 모두 물러가라고 명했다.

유비가 곧 제갈량에게 물었다.

"승상, 그대가 보기에 마속의 재주가 어떻소?"

공명이 솔직하게 답했다.

"마속도 당대의 영웅입니다."

그러자 유비가 고개를 가로저으며 말했다.

"그렇지 않소. 짐이 보기에 저 사람은 말이 실제보다 지나쳐 크게 쓸 수 없소. 승상께서 깊이 살피시오."

곧 세상을 하직할 사람이 대단치도 않은 마속에 관해 따로 주의까지 줘야 했을까? 훗날 제갈량은 유비의 충고를 무시하고 마속을 중용하다가 북벌 대계를 망치고 만다. 이를 두고 사람을 볼 줄 아는 유비의 눈을 칭찬하는 사람이 많은데, 사실 이는 크나큰 오해다.

이것은 그저 우연이었을 뿐 유비의 사람 보는 눈이 십수 년 후를 예측할 만큼 정확하지는 않았다. 유비가 마속을 나쁘게 말한 진짜 의도는 따로 있었다.

군주는 신하들이 계파를 만들어 사리사욕 꾀하는 것을 가장 경계한다. 유비가 제갈량을 백제성으로 불렀는데 마속이 제갈

269

량을 수행하며 유비의 침궁까지 든 것으로 보아 두 사람이 가까운 사이임을 짐작할 수 있다. 사실 두 사람은 뜻이 잘 맞았고 서로 높이 평가하고 있었다. 제갈량도 대번에 마속을 '당대의 영웅'이라고 평했다. 유비는 자신이 죽고 나면 제갈량이 자기 재주만 믿고 전권을 휘두르지는 않을까 우려했다. 그래서 마속을 예로 들어 친소 관계에 따라 사람을 쓰지 말라는 뜻을 에둘러 전한 것이다.

그렇게 주의 준 뒤 유비는 유조를 써서 제갈량에게 주며 유선에게 전하라 했다.

"수고스럽겠지만 승상께서 이 유조를 태자에게 전해 주시오. 앞으로 승상께서 태자를 많이 가르쳐 주시오."

제갈량이 울며 바닥에 엎드려 말했다.

"신들이 기필코 견마지로를 다해 재주를 알아주신 폐하의 은혜에 보답하겠습니다!"

이로써 탁고는 성공했다고 볼 수 있다. 이어 유비는 심사숙고한 말을 꺼냈다. 교묘해 보이지만 실로 사족일 뿐인 이 말은 감동적인 탁고를 괴이한 방향으로 이끌었다.

유비가 제갈량에게 일어나라 하더니 한 손으로는 그의 손을 잡고 다른 손으로는 자신의 눈물을 닦으며 말했다.

"짐은 오늘 가슴에 담아둔 말을 승상께 하고자 하오."

제갈량이 말했다.

"신이 마땅히 경청하겠습니다."

유비가 눈물을 흘리며 말했다.

"그대의 재주는 조비의 열 배이니 필시 나라를 안정시키고 큰 일을 이룰 수 있을 것이오. 만약 뒤를 잇는 태자가 도울 만하면 돕되 그럴 재목이 못 되면 그대가 성도의 주인이 되시오!"

그 말에 제갈량은 마치 날벼락을 맞은 것처럼 온몸에 식은땀이 흐르고 가슴이 사납게 뛰었다. 제갈량은 곧장 바닥에 꿇어 엎드리며 말했다.

"신이 어찌 감히 죽을 때까지 나라를 위하여 온 힘을 다하지 않겠습니까?"

말을 마친 후 이마가 땅에 닿도록 계속 절을 했다.

유비의 입꼬리에 보일락말락 미소가 떠올랐다. 이 말은 유표가 죽기 전에 남긴 유언을 곱씹은 끝에 생각해 낸 청출어람의 명언이었다. 당시 제갈량은 유비가 유표의 이 말을 빌려 형주를 취하지 않은 걸 무척 아쉬워했다. 그러나 막상 자신이 당하고 나니 부탁받은 입장에서 이런 말이 얼마나 부담스러운지 절실히 알게 되었다.

유비는 제 뜻대로 일이 흘러감에 만족했을 뿐 이 말이 제갈량에게 큰 상처를 줬음을 깨닫지 못했다.

유비의 모든 행동은 뒤를 이을 유선을 위한 것이었다. 제갈량은 이미 그의 뜻을 받들었고 유비가 마지막 순간에 자신을 탁고대신으로 택한 것에도 깊이 감동하고 있었다. 그런데 유비가 이런 짓까지 벌인 것이다. 이는 유비가 여전히 자신을 믿지 않는다는 반증이었다. 게다가 유비는 상서령 이엄을 중도호中都護에 임명해 안팎의 군사들을 통솔하게 했다. 이엄은 방통과 법정의 뒤를 이어 제갈량을 견제할 세 번째 바둑알이었다.

유비는 두 아들 유영과 유리를 불러 제갈량을 아버지처럼 모시라고 당부했다. 이는 감정에 호소하려는 또 다른 수였다. 그러나 이미 마음이 상한 제갈량은 전혀 감동하지 않았다.

당시 상황의 특수성 탓에 제갈량은 충성을 증명하느라 유비가 준 상처를 되돌아볼 여유가 없었다. 그러나 유비가 죽고 대권을 장악하고 나니 잠재의식에 깃든 이 상처의 후유증이 불시에 튀어나와 제갈량의 행동과 결정에 영향을 미쳤다.

탁고의 본뜻은 어린 주인이 홀로 설 능력을 갖출 때까지 도와달라는 부탁이다. 그러나 제갈량은 유선을 가르치는 데 아무 관심도 보이지 않았다. 유비가 살아 있을 때는《신자申子》,《한비자韓非子》,《관자管子》,《육도六韜》 등의 책을 직접 필사해서 읽으라고 주기도 했다. 그러나 유비가 죽고 난 뒤에는 어떠한 가르침도 주지 않았다.

결국 유선은 역사상 가장 무능한 군주이자 '아무리 보좌해도 일으켜 세울 수 없는 아두'라는 오명을 얻었다. 사실 제갈량을 비롯해 그 누구도 아두를 '일으켜 세우려' 한 적이 없다.

제갈량은 죽을 때까지 나라를 위해 온 힘을 다한 건 사실이다. 그러나 그 외 유비의 조언이나 기대는 다 저버렸다. 제갈량은 거침없이 통제욕을 발산해 대권을 독점했다. 유비가 그를 제어할 목적으로 발탁한 또 다른 탁고대신 이엄을 평민으로 폐하고 아두를 주색에 빠진 무능한 꼭두각시로 만들었다. 그리고 유비가 크게 쓰지 말라고 한 마속을 중용했다.

그 결과만 놓고 보면, 유비의 탁고는 역사에 길이 전해지지만 그의 인생 최대의 오점이라고 하지 않을 수 없다.

◈ 시련을 기회로 바꾸는 역경 극복 처세술

인간관계에서 가장 희귀한 보물은 '믿음'이다. 사람을 신뢰하는 것만큼 귀한 것은 없다. 그러나 쉽지 않은 일이다. 아이러니하게도 인간관계에서는 오랜 시간이 흐를수록 신뢰가 무너진다. 신뢰가 무너지는 원인을 찾아보면 자기감정 변화에 주된 요인이 있다. 인생의 희귀한 보물은 발견하기 어려운 만큼 잘 간직해야 한다.

인생의 성공과 실패는
오로지 자신에게 달려 있다

유비는 장강 강가의 작은 백제성에서 삶을 마쳤다. 그렇게 이 작은 성은 한 시대를 풍미한 영웅의 말로를 보여주는 대표적인 장소가 되었다.

유비의 일생은 산전수전을 다 겪었다는 말로 표현할 수 있다. 유비의 아버지는 그가 모든 미덕을 갖추기를 바라는 마음에서 '비備'라는 이름을 지어줬다. 그러나 그에게 준비된 것은 세상의 온갖 시련과 풍파였다.

고금을 통틀어 대업을 이룬 개국 황제 중 유비처럼 힘든 삶을 산 인물도 드물다. 그의 선조인 유방과 유수를 예로 들어 간단히 비교해 보자.

유방의 시작은 늦었다. 마흔여덟에 군사를 일으켜 진나라에 맞섰으나 8년 만(56세)에 강적 항우를 물리치고 황위에 올랐다. 유수는 스물여덟에 군사를 일으켜 녹림군^{綠林軍}에 가담해 왕망의 신나라에 맞서 싸워 3년 만에 황제가 되었다. 전국을 완전히 평정하는 데까지 10년이 더 걸린 것을 포함해도 그때 유수의 나이 마흔하나였다.

유비는 스물넷에 참군해 무려 23년을 허송세월하고 마흔일곱이 되어서야 제갈량을 만났다. 그때까지 유비는 보통 사람은 상상조차 할 수 없는 숱한 고난을 겪었다. 이후로도 자그마치 14년 동안 전장을 누빈 끝에 '깃털 장식 덮개를 씌운 수레를 타는 꿈'을 이루게 되었다. 이때 유비는 이미 머리가 희끗희끗한 예순하나의 노인이었다.

다시 다른 개국 황제들도 살펴보자.

당태종^{唐太宗} 이세민^{李世民}이 열여덟에 군사를 일으켜 스물여덟에 천하를 평정하기까지 걸린 시간은 단 10년이었다. 송태조^{宋太祖} 조광윤^{趙匡胤}은 진교병변^{陳橋兵變}으로 천하를 거저 얻었다. 그가 황제의 자리에 올랐을 때도 서른넷에 불과했다. 명태조^{明太祖} 주원장^{朱元璋}이 스물다섯에 군대에 들어가 밑바닥부터 올라가 마흔하나에 황제가 되기까지 걸린 시간도 16년이었다. 그런데 유비가 제위에 오르는 데 걸린 시간은 무려 34년이었다.

이번에는 유방, 유수, 유비의 상대를 살펴보자.

유방의 최대 적수인 항우는 용맹하지만 지모가 없었다. 당시 천하제일의 인재였던 장량, 소하, 한신, 진평 등이 모두 유방의 휘하에 있었기에 유방은 단기간 안에 승리할 수 있었다. 유수의 시대에는 여러 영웅이 혼전을 벌였으나 유수가 워낙 뛰어나 딱히 맞수가 없었다. '운대이십팔장雲臺二十八將'이라 불리는 뛰어난 인재들도 모두 유수의 휘하에 있었다. 또 그 당시 사람들은 도참을 숭상했는데 유수는 도참 중에서 "유수가 마땅히 천자가 된다."라는 예언을 이용해 황위에 성큼 다가갔다.

이번에는 유비의 상대를 살펴보자.

유비의 최대 적수 조조는 어느 역사 시기에 데려다 놓아도 세 손가락 안에 꼽힐 만큼 문무를 겸비한 중국 역사상 불세출의 기재였다. 게다가 조조는 일찍이 재주 있는 인재들을 제 밑으로 불러 모았다.

유비의 또 다른 적수 손권은 지리적 이점이나 전체적인 능력면에서 유비를 앞섰다. 그럼에도 유비가 '천하삼분지계'의 한 축을 담당한 것은 그야말로 기적이었다.

유비가 황제가 된 것은 필연이 아니었다. 하늘은 분명히 그를 아꼈다. 기적 같은 행운이 이어진 덕분에 일개 평민이었던 그가 한 발 한 발 나아가 제위까지 올랐다. 그러나 아낀 만큼 가혹한 시련과 고난을 겪게 했다. 수많은 실패를 겪으면서 단 한 번이라도 포기했다면 유비는 역사에 이름을 남기지 못했을 것이다.

유비보다 나은 조건에서 시작했고 그보다 운이 좋았던 인물들도 역사의 거센 흐름에 휩쓸려 소리 없이 사라졌다. 따라서 유비의 성공은 하늘의 뜻이면서 끊임없이 분투하고 포기하지 않은 유비 자신의 공이라 할 수 있다. 이것이 우리가 유비에 관한 글을 쓰는 이유고 유비가 대표적인 역사적 인물로 가치 있는 이유다.

유비는 장점이 많은 사람이었다. 의지가 강하고 끈기가 있었으며 임기응변에 능하고 어질고 너그러웠다. 그러나 그도 완벽한 사람은 아니었다. 성공 뒤에 따라온 이해충돌과 감정적 갈등은 그가 가진 인성적 약점과 인격 분열을 촉진시켰다. 자신이 만든 한실 종친 신분 덕을 보았으나 끊임없이 여기에 발목 잡히기도 했다.

도원결의를 맺은 형제들의 충성과 헌신 덕을 보았으나 형제의 정과 의리 때문에 나라를 망쳤다. 좋은 것을 취했다면 나쁜 것도 취하고 이로움을 봤다면 해로움도 피할 수 없다. 이는 우리 삶을 관통하는 미묘한 균형 법칙이다.

조조와 반대 길을 갔으나 평생 그의 잠재적 영향에서 벗어나지 못했다. 인의를 숭상했으나 인의를 거슬러 이득을 얻었다.

그의 꿈과 현실, 원칙과 이익, 야심과 자산은 늘 모순되고 충돌했다. 그럼에도 유비는 주저하지 않고 앞으로 나아갔다. 다만 재능과 식견의 부족, 감정 통제의 미숙함으로 제위에 오르고도 황제다운 모습을 보이지 못했다. 그래서 그가 죽고 난 후 촉한은 단명할 수밖에 없었다.

유비는 성공의 길을 반밖에 걷지 못했다. 훗날 제갈량이 "선제께서 창업을 반도 이루지 못하고 중도에 붕어하셨다."라고 말했는데 이보다 정확한 표현이 없다.

'조금 더 운이 좋았다면 숱한 시간을 낭비하고 매번 다 잃지 않았을 텐데….'

'조금만 더 지혜로웠다면 제갈량과 관우의 갈등을 잘 수습했을 텐데….'

'조금만 더 이성적이었다면 촉한과 동오가 순망치한의 관계임을 이해했을 텐데….'

'조금만 더 믿었다면 끊임없이 제갈량을 견제하는 일은 없었을 텐데….'

'조금만 더 앞을 내다보았다면 아두를 잘 가르쳤을 텐데….'

그랬다면 유비의 삶은 많이 달라졌을까?

놀라운 업적을 거두지 않았을까?

이토록 많은 여한을 남기는 일도 없지 않았을까?

물론 역사에 '만약'은 없다. 이런 '만약'은 유비에게 아무 의미도 없다. 하지만 오늘날의 우리에게는 여러모로 생각할 거리를 던져준다. 역사를 돌아봤을 때 유비의 가장 큰 가치는 그가 겪은 일들, 분투, 성공, 실패가 아니라 그것들을 간결하게 묶어낸 말에 있다.

이 말은 그가 아들 유선에게 남긴 유조에 쓰여 있다. 아버지는 가능하면 가장 귀한 것을 아들에게 남겨주려 한다. 유비가 아두에게 남긴 것은 그가 인생의 보배라고 여기는 것이었다.

악한 일이 작다고 행해서는 아니 되며, 선한 일이 작다고 행하지 않아서는 아니 된다. 오로지 어짊과 덕으로써 사람들을 따르게 할 수 있다.

이 말은 삼국시대 버전의 '깨진 유리창 이론'이다.

1969년, 미국 스탠포드대학 심리학 교수 필립 짐바르도^{Philip Zimbardo}는 어떤 실험을 진행했다. 그는 똑같이 생긴 자동차 두 대를 준비해 한 대는 캘리포니아주 팔로 알토의 중산층 거주 지역에 두고, 다른 한 대는 비교적 무질서한 뉴욕 브롱크스 지역에 두었다. 짐바르도는 브롱크스 지역에 둔 자동차의 번호판을 떼어내고 유리창을 깨 뒀다. 그랬더니 사람들이 마구잡이로 자동차 부품을 훔쳐 갔다. 반면 팔로 알토에 둔 자동차는 일주일이 지나도록 멀쩡했다. 짐바르도는 이 자동차 유리창에 망치로 커다란 구멍을 뚫어놨다. 그 결과 몇 시간 만에 자동차를 도둑맞았다.

정치학자 제임스 윌슨James Wilson과 범죄학자 조지 켈링 George Kelling은 이 실험을 바탕으로 '깨진 유리창 효과 이론'을 제시했다. 누군가 건물의 유리창을 깼는데 이를 방치하면 다른 사람은 '그래도 되는구나.' 하는 생각에 더 많은 유리창을 깨 놓는다. 시간이 갈수록 이 유리창들은 일종의 '무질서한 감각'을 줘 결국 더 많은 범죄를 유발한다. 사소한 행위를 간과하고 방임하면 매우 파괴적인 결과를 불러온다는 것이다.

유비의 말은 현대의 깨진 유리창 효과보다 내포가 더 풍부하다. 이는 사회관리뿐만 아니라 개인의 품행 수련에도 적용할 수 있다.

선을 행함에 있어 다다익선을 추구하고 악을 멀리함에 있어 작은 것조차 멀리해 악이 쌓이지 않도록 한다는 의미이다. 즉

작은 선행이 쌓이면 큰 선행이 되고 작은 악을 행하지 않으면 큰 악을 멀리하게 된다. 악을 멀리하고 선을 가까이하는 게 어진 덕행이다. 어진 덕행을 모두 갖추면 큰일을 이룬다.

유비의 인생 충고는 이론의 합리성과 실천의 효과성을 겸비했다.

유비의 말을 따르면 삼불후三不朽, 즉 입덕立德(덕을 세우는 것), 입공立功(공을 세우는 것), 입언立言(훌륭한 말을 남기는 것)을 모두 이룰 수 있다. 그가 남긴 말은 수천 년이 흐른 지금도 영원한 광휘光輝를 흩뿌리고 있다. 이것이 유비가 자기 삶을 열심히 살아가는 현대의 사람에게 가장 크게 공헌한 점이다.

마지막으로《맹자》에 나오는 명언을 유비와 우리 자신에게 바친다.

"하늘이 장차 이 사람에게 큰일을 맡기려 할 때는 반드시 먼저 그 심지를 고달프게 하고, 근골을 지치게 하고, 배를 주리게 하고, 몸을 곤궁하게 하고, 하는 일을 어지럽힌다. 이는 그의 마음을 분발시키고 의지를 굳세게 하여 할 수 없는 일을 하게 하기 위함이다."

별이 빛나고 지구가 도는 한 역경은 피할 수 없고 시련이 따른다. 오늘을 살아가는 여러분 모두 유비의 굳건한 발자취에서 인생의 지혜와 정신력을 배워 고된 현실을 담대하게 마주하길 바란다.

◈ 시련을 기회로 바꾸는 역경 극복 처세술

진정한 성공은 포기하지 않고 한 길을 가는 마음가짐이다. 자신이 걸어온 길 자체가 성공이며 삶의 궤적이다. 포기하지 않으면 나아갈 수 있고 그 길을 가는 과정에서 성공을 만난다. 중간에 주저앉거나 포기하여 뒤돌아간다면 성공에서 더 멀어진다. 중간에 꺾이지 않는 마음이 당신을 성공으로 이끈다.

삼국시대 영웅의
심리에 스미다

시간은 신념, 감정, 그리고 단호해 보이던 결정까지 많은 것을 바꿔놓는다.

5년 전, '심리설사'의 포문을 연 '현대 심리학으로 읽는 삼국지 시리즈'《심리학이 관우에게 말하다》,《심리학이 제갈량에게 말하다》,《심리학이 조조에게 말하다》를 완성하고 나서 다시는 삼국과 관련된 글을 쓰지 않겠노라 다짐했다. 중국의 5천 년 세월에서 가장 넘쳐나는 것이 역사이기에 헤아릴 수 없이 많은 역사적 사건이나 역사적 인물이 심리설사의 무대에 오를 수 있기 때문이다.

5년 동안 많은 작품을 구상했고 심리설사의 또 다른 시리즈인 '심리오월삼부곡' 《편초鞭楚》, 《욕월辱越》, 《탄오呑吳》도 완성했다. 그런데 나는 삼국지에 대한 그리움이 내 영혼에 와 박힐 줄은 예상치 못했다.

어쩌면 삼국의 독특한 매력 때문이거나, 독자들의 간절한 기대 때문이거나, 스승님과 벗들의 가르침 때문이거나, 말로 설명할 수 없는 이유 때문일 것이다. 아무튼 그런 이유로 다시 고난과 역경의 상징인 유비를 대중 앞에 선보이게 되었다.

다만 이번 책은 이전의 책과 확연히 다른 점들이 있다. 삶은 유한하고 시간이 금인 세상에서 내가 유일하게 일고의 가치도 두지 않는 일이 '단순 반복'이다. 이번에 유비, 손권, 사마휘를 '시련을 기회로 바꾼 삼국지 역경 극복 처세술' 새로운 시리즈의 주인공으로 삼은 이유는 이 세 사람이 서로 다른 세 가지 역경을 겪었기 때문이다.

유비는 빈털터리로 시작해 위대한 꿈을 이뤘다.

손권은 갑작스러운 변란으로 아무런 준비 없이 무거운 짐을 지게 되었다.

사마의는 재능을 지녔되 갖은 억압 속에서 두각을 드러냈다.

사람이 겪는 역경은 대개 위에서 말한 세 가지 유형이거나 이 세 가지가 여러모로 섞인 형태를 벗어나지 않는다. 유비, 손권, 사마의가 역경에 맞서 싸운 인생 여정은 사람이 역경에 맞서는 모습들을 대표적으로 보여 준다.

추구하는 바가 있기에 역경을 겪는다. 추구하는 바가 없으면 역경을 겪을 일도 없다. 유비가 추구한 것은 지위였고, 손권이 추구한 것은 인정이었으며, 사마의가 추구한 것은 권력이었다.

역경에 빠진 유비에게 싸울 힘을 준 것은 꿈이었고, 손권에게 힘을 준 것은 책임이었으며, 사마의에게 힘을 준 것은 생존이었다. 이들이 역경을 이겨낸 비결도 각기 다르다. 유비는 '결코 포기하지 않고' 어떻게든 기회를 만들었다. 손권은 '부드러움으로 강함을 눌러' 치밀하게 기회를 선택했다. 사마의는 '형세에 따라 유연하게 움직이며' 끈기 있게 기회를 기다렸다.

유비는 자유로이 헤엄치는 물고기였다. 가슴에 큰 뜻을 품고 물풀이 잘 자란 강호를 찾아 이리저리 떠돌다가 뜻이 맞으면 머무르고 맞지 않으면 떠났다. 그렇게 정처 없이 떠돌다가 마침내 용문龍門을 뛰어넘고 대업을 이뤘다. 사마의는 나면서부터 한 자리에 서 있는 나무처럼 해가 없고 비가 내리지 않아도, 시시때때로 폭풍우가 불어도 흔들리지 않고 굳건히 자라 마침내 하늘 높이 우뚝 솟은 거목이 되었다. 손권은 운 좋게 열쇠를 거저 얻어 이 문 저 문 열쇠 구멍에 꽂아보았는데 놀랍게도 거의 모든 문이 열린 행운아였다. 물론 세상일은 균형을 추구하는 까닭에 결국 손권도 행운의 쓴맛을 보게 된다.

이것이 내 마음을 흔든 삼국시대 영웅 세 사람의 역경기이다.

역경의 매력은 무한하다. 별이 빛나고 지구가 도는 한, 역경은 영원히 사라지지 않는다. 역경을 막을 수 없다면 그것을 마주하고 알아차리고 바꿀 마음의 자세와 방법을 찾는 것이 낫지 않을까?

에스키모 부락에 이그쥬가르쥬크Igjugarjuk라는 샤먼이 이런 말을 했다.

"고통과 고난만이 마음의 눈을 열어 남들이 모르는 온갖 것을 볼 수 있게 해 준다."

역경의 가치와 의의를 설파한 말이다. 사실 이는 '심리설사'를 시작할 때의 내 마음이기도 하고 시간이 흘러도 변하지 않은 내 초심이기도 하다.

이 시리즈에 대해서는 이미 너무 많이 썼고 말도 많이 했으니 이만 줄이고자 한다. 갈 길은 아직 멀고 초심은 변하지 않았으니 역사의 어느 지점에서 다시 만나길 고대해 본다.

항저우 자뤼위안嘉綠苑에서 천위안